覺醒的你

暢銷百萬，歐普拉的床頭靈修書

《臣服實驗》作者 麥克·辛格 —— 著
賴隆彥 —— 譯

★各界盛讚推薦！

東方與西方原本各自發展，麥克・辛格卻以出色的文筆爲這兩大傳統搭起溝通的橋梁，教導人們如何在靈性探索乃至日常瑣事的生活中達到圓滿。佛洛伊德曾說，生命是由愛與工作構成。在這本精采的書中，辛格以雄辯滔滔、機智且令人信服的推理，指出它們同爲無私奉獻的兩端，從而完成此一思想。

——**雷・庫茲威爾**（Google 工程總監、《人工智慧的未來》作者）

麥克・辛格在本書中帶你一步步走向「源頭」，而且以簡單明瞭的方式呈現。請仔細閱讀這本書，你將瞥見永恆，且不止於此。

——**狄巴克・喬布拉**（《看見神》作者）

本書的每一章都啓發你去靜心思考人類生存狀態受到的束縛，以及如何優雅地解開每一個結，讓靈魂飛翔。本書的精準與簡單，正反映出它大師級的風采。

——**詹姆士・歐迪亞**（思維科學研究所所長）

麥克・辛格爲我開啓心智，達到全新的思想維度。這本書在心理與智力層面都以新穎且令人興奮的方式挑戰了我。可能得多讀幾次並且花很多時間去反思才行，但對於渴望更加了解自己與眞理的人來說，這絕對是一本必讀的好書。

——路易士・奇瓦西（美林證券資深副總裁）

接觸本書使你得以深入靈性，你將於其中發現可以映現你絕對清淨自性的鏡子。若你正在尋找不受信條與儀式阻礙的實用靈修，請閱讀此書。

——薩曼・沙赫特・撒羅米拉比（《具有國族情感的猶太人》共同作者）

這是一本關於靈性意識之道的精采巨作，書寫清晰且強而有力。麥克・辛格為那些有意踏上靈性之旅的人提供了堅實的踏板。

——阿布都兒・阿濟茲・薩伊德（美國大學伊斯蘭和平學系主任、和平研究所教授）

本書爲世上求知若渴的靈魂帶來無窮的喜悅。

——瑪・尤佳夏柯媞・撒拉斯瓦提（撒拉斯瓦提國際宣道會創辦人、《今日印度教》「二〇〇二年之印度人」獎得主）

這是一本深具影響力的書，且顯然自成一類。麥克・辛格以深入淺出的方式，帶領讀者展開一段旅程，從受自我束縛的意識開始，最後幫助我們超越短視且被控制的自我意象，到達內心自由與解脫的狀態。麥克・辛格的書是送給所有躑躅於途且渴望更豐富、充實與創新生活者的一份寶貴禮物。

——瑜伽士亞姆利特・德賽（國際公認的現代瑜伽先驅）

目錄

〈推薦序〉

一本認識靈性與能量的入門書

黃淑文

看完這本書，有一種當頭棒喝、茅塞頓開的感動。原來，我們都被自己騙了。那些我們心痛到不能呼吸的，難堪到無法抬頭的，恐懼到坐立難安的種種痛苦，其實是大腦投射出來的幻象。

經歷種種痛苦難堪恐懼的你，不是眞正的你。所謂的你，不是你所經歷的事件和情緒。眞正的你，是觀看自己經歷各種喜怒哀樂、目睹所有一切的人。（就像現在，有一個你，正在看著自己看這一篇文章，那個觀看者，才是眞正的你。）

或許你會問，如果那些痛苦、情緒、腦中種種雜亂的聲音都不是你，那麼你如何從假我的幻象中跳脫出來呢？

作者麥克．辛格一再點醒我們，「你不是事件，而是經歷事件的人。」你唯一能從生命獲得的東西，只是體驗它、經歷它所獲得的成長。

「若你釋放並讓能量通過，它就會消失。當痛苦在心中出現時，假如你放鬆並真的敢於面對，它就會過去。每一次你放鬆、放下時，就會有一小片痛苦永遠離開。」如同麥克．辛格所言，你要做的，就只是釋放，讓曾經糾結過你的痛苦通過你，讓騷亂的能量自由來去，只要察覺你正在做什麼就好。你抓得愈緊、愈執著，甚至築一道牆壓抑自己，反而把自己凍結在裡面。

不要怕，接受所有發生在你身上的事，你只是陪著自己經歷所有的旅程。你看著自己哭，看著自己笑，看著自己站上成就的舞臺。你要清醒的是，那些哭著、笑著、戴上光環的你，都不是眞正的你。眞正的你，是覺知這一切事物的你，你的意識獨立在外並覺知所有的一切。你是覺知者，觀察者，見證者。藉由覺知你在覺知，你學會讓每個事件自由地通過你，你學會放下、放鬆，不再黏溺在裡面，你的靈性就因此覺醒。

麥克．辛格在書中把內在的靈性能量比喻成太陽，不管你有沒有察覺，相信不相信，你是好人壞人，它永遠無條件地照耀著你。如果你躲避陽光好幾年，後來選擇走出黑暗，陽光依然會持續照耀你，如同你從未離開。你不必道歉，只需要抬頭看著太陽，你會發現，只要你願意，它永遠都在。

和內在的能量連結，就只是一個簡單的意願，「告訴自己別封閉，永遠保持開放。」就像水龍頭開關，你打開，能量就流進來；你關上，就鎖住能量。眞的，就這麼簡單。控制開關的人，其實是你自己。只要你願意放鬆與開放，巨大的能量就會在你的內在湧現。

麥克．辛格說，快樂其實是不需要任何條件的，因爲我們爲快樂設定限制，才會失去生命最簡單的快樂。「你創造的任何條件都會限制你的快樂，你必須給出一個無條件的答案。如果你決定這輩子從此刻起都要快樂，你不只會快樂，還會開悟。」

「你不是來地球受苦的，你的苦幫不了任何人。有無數你還沒想到的事情都可能發生。問題並非它們會不會發生，事情會發生的，眞正的問題是：無論發生什麼，你是否都想要快樂？」

麥克．辛格的手上好像有一把利劍，他幫我們斬去三千煩惱絲，歸納出生命至簡至純的眞理。看著這本書，幾度眼睛濡溼，一部分是感動，一部分是感歎我們活得太傻，把自己搞得太複雜、太辛苦。

麥克．辛格犀利細膩的教導，翻轉了我們慣有的認知。遵照他提供的步驟、方法，順著生命自然的流動，把自己敞開，並對自己誠實，你可以輕鬆簡單地回復生命的豐盛

〈前言〉

「找自己」的旅程

尤其要緊的，你必須對自己忠實；正像有了白晝才有黑夜一樣，對自己忠實，才不會對別人欺詐。

——莎士比亞

這是莎士比亞的經典名句，是《哈姆雷特》第一幕中，波洛涅斯對其子雷歐提斯說的話，聽來淺白易懂。意思是要對別人保持誠實，必須先忠於自己。但若雷歐提斯完全對自己誠實，會發現父親說的話有如捕風捉影。究竟我們應該忠於哪個「自己」？是心情不好時出現的那個自己，或是犯錯時感到卑微的那個自己？是沮喪苦惱時怨天尤人的那個自己，還是生命光鮮亮麗時的那個自己？

從這些問題可見，「自我」的概念似乎比我們原先想的更難懂一點。若雷歐提斯接觸到傳統心理學，事情或許還有一線曙光。心理學之父佛洛伊德將人格分成三個部分：

本我、自我和超我。他認為，本我是人原始的動物本性，超我是社會灌輸給我們的價值體系，自我則是面對外在世界的代表，努力在前述兩大力量之間保持平衡。不過這套說法對年輕的雷歐提斯並無幫助。在這些相互抗衡的力量之中，我們究竟該忠於哪一個？

我們再次發現，事情並不像看到的那麼簡單。如果我們勇於看穿「自我」一詞的表面，會浮現很多人不願面對的問題：「我生命的各種面貌都只是『自我』的一部分嗎？或者只有一個我？若是如此，會是在什麼樣的情況下？」

在接下來的章節中，將進行一段探索「自我」的旅程，但不以傳統的方式進行。既不求教於心理學家，也不理會哲學家；不會在古老的宗教觀點中爭論及選擇，或是訴諸民意調查的統計支持。我們會轉向對研究主體有具體直接認識的單一來源，求助一位在生命的每時每刻都在收集能解決此一大哉問必要資料的專家。那位專家就是你。

但在你興奮過頭或打退堂鼓之前，得先澄清一件事：你對事情的看法與意見並不是我們要的。此外，我們對你讀過的書、上過的課或參加過的專題討論都不感興趣，只關心你親身經歷的直覺體驗。我們不要你的知識，而是要你的直接經驗。沒錯，在這件事情上，你不會失敗，因為你的「自我」就是不折不扣的你，在一切時間空間的那個你。我們只須把它挑出來，畢竟，混在裡頭容易令人困惑。

本書各章是一面面鏡子，幫助你從不同角度看清「自我」。雖然即將展開的是內在的旅程，但會引出你生命的每一個面向，只要你願意以最自然與直覺的方式誠實看待自己。切記，若我們在找「自我」的根源，其實就是在找你。

閱讀本書會發現，在一些深入的主題上，你比自己以爲的知道更多。事實上，你早已明白如何找到自己，不過是一時分心與迷惘而已。只要重新對準焦點就會了解，你不只有能力找到自己，還能解放自己。做或不做，完全由你決定。只要跟著本書的章節逐步完成內在旅程，你將不會再有困惑，不會再缺少力量，不會再責怪別人，會確切知道該做些什麼。如果你選擇繼續致力於了悟自我的旅程，將會對眞正的你生起極大的敬意。只有到這個時候，你才能完全體會那個忠告的深刻意涵：「尤其要緊的，你必須對自己忠實。」

第 1 部
覺醒的關鍵

內在成長的關鍵，
在於了解找到平靜與滿足唯一的方法，
是停止思索與自己有關的事。
當你終於了解一直在裡面說話的「我」永遠無法滿足時，
你才能開始成長。

1 誰在你腦袋裡說話？

糟了！我想不起她的名字。她叫什麼？該死，她走過來了。她叫……莎莉……蘇？她昨天才告訴我，怎麼會忘了呢？這下糗大了。

你有沒有注意到，你腦袋裡的對話從來不曾停止，一直在進行著？你想過它爲什麼講個不停嗎？講的內容和時機又是如何決定的呢？有多少成眞？又有多少是要緊的？如果你現在聽見：「我不知道你在說什麼，腦袋裡根本沒有任何聲音！」——這正是這裡所說的那個在腦中說話的聲音。

如果你夠機伶，會花點時間退後一步，檢視這個聲音，進一步認識它。問題在於距離太近，很難保持客觀，你必須往後退，看它講話。你在開車時，聽到如下的內心對話：

我應該打電話給佛瑞德才對。天啊！真不敢相信我竟然忘了！他一定氣炸了，可能從此再也不跟我說話。也許現在應該停車打給他。不，我現在不想停車……

請注意，正反兩面的聲音都有。它不在乎是哪一面，只是一直說個不停。當你覺得累了、想睡了，腦袋裡的聲音會說：

我在幹什麼？我還不能睡。我忘了打給佛瑞德。剛剛在車裡有想到卻沒打，如果現在不打電話……啊！算了，太晚了，我現在不應該打給他。想這些做什麼？我得睡了。可惡，現在睡不著，我一點也不累了，但明天有重要的事，必須早點起來。

難怪你睡不著！你怎麼能忍受那個聲音一直說個不停呢？就算它再悅耳動聽，還是會干擾你正在做的每一件事。

如果花點時間觀察這個在腦中進行的聲音，你首先會察覺，它永遠不會停止，滔滔不絕地唱著獨腳戲。你若看見有人一直走來走去喃喃自語，一定會覺得他很怪異。你會納悶：「如果他是說話的人，又是聆聽的人，那麼他在說話之前就知道會說出什麼話，這有什麼意義？」你腦袋裡的聲音也一樣。它為什麼說個不停？說的人是你，聽的人也是你，當這個聲音提出抗議時，抗議的對象是誰？又可能說服誰？

這令人十分困惑。你聽：

我想我應該結婚。不！你知道你還沒準備好，你會後悔的。但我愛他。得了吧，你對湯姆也有那種感覺，如果你嫁給他了呢？

仔細觀察便會發現，它只想找個舒服的地方休息，只要覺得有幫助，轉瞬間就換邊站。即使發現錯誤，它也不會停下來，只會調整觀點，然後繼續。只要加以留意，這些心理模式便會清楚呈現。第一次發現腦袋一直說個不停時，真的是滿震撼的，你甚至可能會對它吼叫，要它住口，卻只是徒勞無功。然後你才明白，是那個聲音在對那個聲音吼叫：

住口！我要睡了。你為什麼一直說個不停？

顯然，你不能用這樣的方式讓它住口。讓自己從喋喋不休之中解脫的最佳方式是退後，冷眼以對。只要將那個「聲音」當作對你說話的發聲裝置就好，別花心思，只要看著它。無論那「聲音」說什麼，都一樣；不管內容好壞，世俗或神聖，都無所謂，因為它仍只是你腦袋裡說話的聲音。事實上，唯一能讓你和那個「聲音」保持距離的方式，是停止分辨它在說什麼，不要去想它說的這個是你，另一個不是你。**你聽見它說話，顯然它就不是你。你是聽到那個「聲音」的人，你是覺察它說話的人。**

它說話時，你確實有聽到，不是嗎？現在讓它說「嗨」，多說幾次，在裡面大喊！你能聽到自己在裡面說「嗨」嗎？當然可以。有個聲音在說話，而覺察那說話聲音的人是你。問題在於，覺察說「嗨」的聲音容易，難的是領會到無論那聲音說什麼，都只是個說話的聲音，而你正在聽。那個聲音講的都是你，並沒有別的。假設你正看著花盆、相片與書這三樣東西，有人問你：「這些東西裡面哪個是你？」你會說：「都不是！我是正在看你放在我面前的東西的人。無論你放什麼，我都是那個在看的人。」瞧，這正是主體認知不同客體的行為。聽內在的聲音也是如此。它說什麼都沒差別，你是覺知它的人。只要你認為它說的某件事是你，其他事則不是你，就不客觀了。你可能想將自己想成說好事的那個部分，但那依然只是說話的聲音。你或許會喜歡它所說的，但那並不是你。

成長真正的關鍵，在於了悟你並不是頭腦的聲音，而是聽到它的人。若不了解這點，你便可能會試著去想像那聲音所說的許多事情當中哪一個才是真正的你。人們在「試著找到自己」的名義下經歷許多變化，想找出這些聲音中的哪一個，或他們許多人格面向中的哪一個，才是眞正的自己。答案很簡單：全都不是。

若你客觀地觀察，會發現這些聲音所說的內容很多是無意義的。大多數的談話只是浪費時間與能量。事實上，不管你的頭腦說什麼，生命大都順著非你所能掌控的力量展現。就好像白天太陽是否升起，並非你晚上盤算所能決定。可以確定的是，太陽會升起，然後會落下。世上有無數的事情發生，你愛怎麼想都可以，但生命的巨輪依然會持續轉動。

事實上，你的思惟對這個世界造成的衝擊遠不如你一廂情願的想像。如果願意客觀地觀察你所有的想法，便會明白其中大多無關宏旨，除了你之外，對任何事或任何人都沒什麼影響，只是讓你對現在、過去或未來發生的事感覺好或壞而已。把時間花在希望明天別下雨是徒勞無功的，你的想法無法改變雨滴。有一天你會明白，無盡的內在私語是沒用的，而且不需要一直去盤算每件事。最後你會了解，問題的眞正原因不在生命本身，而是頭腦在生命中的騷動。

這裡出現一個重要問題：如果內在的聲音是無意義且不需要的，爲什麼還會存在？回答這個問題的訣竅在於了解爲何要說那些話。例如某些情況下，腦中聲音說話的起因如同茶壺水滾時會鳴叫，亦即**不斷累積的內在能量需要釋放**。你若客觀地觀察便會發現，當內在緊張、恐懼或貪欲的能量持續增強時，聲音將變得極其活躍。對某人生氣時，你顯然會很想咒罵他，試著觀察看看，有多少次甚至在你發現之前，內在的咒罵聲便已展開。當能量在你裡面累積時，你會情不自禁地表現出來。那個聲音之所以說話是因爲你的內在不平靜，而說話可以釋放能量。

然而你會察覺到，就算沒有任何困擾，它也有話說。你在街上走路時，它會這麼說：

看那隻狗，是隻拉不拉多耶！嘿，那輛車上還有另一隻狗。牠很像我的第一隻狗，小黑。哇，那裡有輛老爺車，掛著阿拉斯加的車牌，在這裡可真罕見！

它其實是擔任旁白，爲你敘述這個世界。但你爲什麼需要這個？你已經看見外面發生的事，透過腦中的聲音對自己複述有什麼幫助呢？你應該仔細審視這點。只要簡單一瞥，你立刻就能細數所見事物的無數細節。看見一棵樹時，你輕而易舉便可看見樹枝、樹葉與花苞，爲什麼還必須說出已經看見的東西呢？

看這棵山茱萸！青翠的綠葉襯托著白花。哇，這裡有好多花，滿滿都是！

仔細研究便會發現，那些敘述讓你面對周遭世界感到**更自在**。就像在後座指揮駕駛一樣，你會覺得事物似乎更在控制之中，眞的覺得和它們有著某種關係。樹，不再只是世上與你無關的一棵樹，而是你看見、貼上標籤並判斷過的一棵樹。藉由在腦中敘述它，而將那份對這個世界的最初直接體驗帶入你的思想領域。它與你的其他想法合併，建構出價值體系與歷史經驗。

請稍加檢視你外在世界的經驗與你和心理世界的互動之間的差異。當你在思考時，可以自由創造任何想要的想法，這些想法是透過腦中聲音來表達。你很習慣停駐在頭腦的遊樂場去創造並操縱思想，這個內在世界是一個在你控制之下的替代環境，但外在世界卻依照它的法則在進行。當腦中聲音對你敘述外在世界時，那些想法和你的其他想法併立，相互交織，並實際影響你對周遭世界的體驗。最後你感受到的，其實是自己設定呈現的個人世界，而非未經過濾、眞實存在的經驗。對外在世界的這個心理操弄，讓你能在它要進來時篩檢事實。舉例來說，無論何時你都看見無數事物，卻只敘述其中幾個而已。在腦中討論的那些事，是對你而言重要的事。藉由這種微妙的前置處理，便能控制實際經驗，讓它全部符合你腦中的想法。你的意識其實是在經驗你腦中的現實模型，而非現實本身。

你必須很仔細地觀察這點，因爲你一直在這麼做。冬天在外面走路，直打哆嗦，腦中的聲音說：「好冷！」此時它對你有什麼幫助呢？你早已知道很冷，你是體驗到冷的人，爲什麼還要對自己這麼說？你重新創造腦中的世界，因爲你可以控制你的頭腦，但無法控制世界。這就是爲什麼要在腦中說那些話。若你無法讓世界照自己喜歡的方式進行，你便在腦中敘述、評判與抱怨它，然後決定該怎麼處理。這讓你覺得更有主宰力。身體覺得冷時，你也許沒有辦法改變溫度，但當你的頭腦說「好冷」時，你就可以說「我們快到家了，再幾分鐘就好」，此時會覺得好一點。**在思想的世界裡，總能做點什麼來控制體驗**。

基本上，你在自己之內重新創造外在世界，然後活在自己的腦中。若你決定不這麼做呢？假如你決定不敘述，而是有意識地觀察世界，會覺得更敞開、更無遮蔽。這是因爲你眞的不知道接下來會發生什麼，而頭腦習慣幫助你。它處理你當下的經驗，以符合過去的見解與未來的憧憬，用這樣的方式幫你。這一切有助於創造控制的假象。若你的頭腦不這麼做，你就會感到很不舒服。現實對大多數人來說都太過眞實，於是我們透過頭腦淡化處理。

你會發現，**頭腦一直說個不停，是因為你給它工作**。你將它視爲一種保護機制或防衛形式，最終，它讓你覺得比較安全。只要這是你想要的，你就會用自己的頭腦去減緩生活的衝擊力，而非眞正去生活。這個世界一直在開展，你或你的想法微不足道。你來之前它早已存在，你走之後仍會繼續存在很久。以維繫世界之名，你其實只是想維繫自己。

眞正的個人成長，和超越你那不理想並需要保護的部分有關。要一直記得，你是在裡面覺察說話聲音的人，這才是出路。在裡面覺察你一直在自說自話的那個人始終默不作聲，這是探查你存在深處的入口。意識到你正在看著那個聲音說話，是展開美妙內在旅程的起點。若使用得當，過去曾是焦慮、分心、恐慌來源的那個腦中的聲音，將可轉變成眞正靈性覺醒的發射臺。**去認識那個觀察聲音的人，就能了解宇宙創造的大祕密**。

2 擺脫內在的室友

內在成長的關鍵，在於了解找到平靜與滿足唯一的方法，是停止思索與自己有關的事。**當你終於了解一直在裡面說話的「我」永遠無法滿足時，你才能開始成長**。它總是事事找碴。老實說，你最後一次眞正無煩心之事是什麼時候？在現在的問題之前，還有其他問題；而如果你夠明智，便會了解這個問題消失之後，會有下一個問題冒出來。

眞實的情況是，問題永遠沒完沒了，除非你能擺脫內在那個問題很多的部分。有問題困擾你時，別問「我該怎麼辦」，而是問「我的哪個部分正爲此事困擾」。如果問「我該怎麼辦」，你就已經落入「外在眞的有問題必須處理」的信念中。若你想要在面對問題時保持平靜，必須了解自己爲什麼會將某個特定狀況視爲問題。若你感到嫉妒，別試著保護自己，而是問：「我的哪個部分在嫉妒？」那會讓你向內看，並了解自己的某個部分有著嫉妒的問題。

一旦清楚看見那個紛擾的部分，接著問：「是誰看見此事？誰覺察到這個內在的紛擾？」這是你一切問題的解答。看見紛擾這個事實，意味著你不是它。看見某事的過程需要主客關係，主體名爲「見證者」，因爲是它看見正在發生的事；客體則是你正在看的事物，在此是指內在的紛擾。維持「客觀覺知內在問題」這個行爲，總是比迷失在外在狀況中好。這是靈修之人與世俗人的基本差異。「世俗」並不是指擁有金錢或名望，而是指你是在外在世界思考內在問題的答案。你認爲只要改變外在事物就能解決問題，但沒有人能藉由改變外在事物而解決問題。總是會有下一個問題。眞正解決問題的唯一辦法，是回歸見證者意識，徹底改變你的參考架構。

要達到眞正的內在自由，必須要能客觀地觀察你的問題，而非迷失於其中。當你迷失在問題的能量中時，絕不可能找到問題的解答。眾所周知，你不可能在感到焦慮、恐懼或憤怒時，妥善處理所面對的狀況。你必須處理的第一個問題，是自己的反應。除非承認那個狀況如何影響你的內在，否則無法解決外在的任何問題。問題通常不是表面上看到的。當你夠清楚時，便會了解眞正的問題是你內在有某樣東西幾乎對任何事都會有問題。第一步是處理你的那個部分。這涉及從「外部解決意識」到「內部解決意識」的轉變。你必須**打破「問題的解答是重新安排外在事物」的思考習慣**。解決問題的唯一答案，永遠是走向內在，並放下似乎對現實總有許多問題的那個部分。一旦這麼做，接下來該怎麼處理你就會很清楚。

真的有個方法可以放下視每件事爲問題的那個部分。看似困難，其實不然。你的存在有個部分確實可以從你自己的肥皀劇中抽離出來。你可以看著自己在嫉妒或憤怒，不必去思考或分析，就只是覺知它。誰看見這一切？誰在覺察內在發生的變化？當你告訴朋友「我每次和湯姆說話都會感到心煩」時，怎麼知道它令你心煩？因爲你在那裡面，看見那裡正在發生的事，所以才知道它令你心煩。你和憤怒或嫉妒之間是有間隔的，你是在那裡覺察這些事的人。一旦回歸意識，便可擺脫這些個人的紛擾。從觀察開始，單純去覺知你在覺察當下正在進行的事。這很簡單。你會注意到，你正在觀察一個人的個性，優缺點皆一覽無遺，就好像有個人與你同在那裡——實際上可以說，你有個「室友」。

如果想見見你的室友，只要試著獨處，安靜地在自己裡面坐一陣子。你有這個權利，因爲那是你的內在領域。但你不會找到寧靜，而是聽見喋喋不休的嘮叨：

我為什麼要這麼做？我還有更重要的事要做。這簡直是在浪費時間。這裡除了我之外根本沒有人。這一切算什麼呢？

這就是了，你的室友就在那裡。你可能很想要內在寧靜，但室友並不合作。而這不只發生在你想要寧靜的時候，它對你看見的每件事都有話說：「我喜歡。我不喜歡。這個好。那個不好。」就這樣說個不停。平時並未察覺，因爲你沒有向後退，與它保持距離。你們太靠近了，以至於無法了解，你其實是在催眠狀態下聽它說話。

基本上，你在那裡並不孤單。你的內在生命有兩個不同的面向：第一個，是你，覺知者，見證者，固執意念的中心；另一個，是你觀察的對象。問題是，你觀察的那個部分永遠不會住口。如果能擺脫那個部分，即使只是片刻，那份安詳與平靜會是你擁有過最美好的假期。

如果你可以不必走到哪裡都帶著這個傢伙，想像一下那會是怎樣的景況。眞正的靈性成長便和擺脫這個困境有關。但首先你必須了解，你已經和一個瘋子綁在一起，在任何狀況或情境下，你的室友可能會突然決定：「我不想待在這裡。我不想這麼做。我不想和這個人說話。」你馬上會覺得緊張、不舒服。室友可能會在毫無預警的情況下破壞你正在做的任何事，破壞你的大喜之日，甚至新婚之夜！你的那個部分可能破壞每一件事，總是如此。

你買了漂亮的新車，但每次開車時，內在室友就會挑毛病。腦中的聲音持續指出每個小聲響、每個小震動，直到最後你再也不喜歡這輛車爲止。一旦看清這會對你的生活造成怎樣的影響，你便已做好靈性成長的準備。當你終於說：「看看這個傢伙，它正在破壞我的生活。我想要過著平靜且有意義的生活，卻覺得自己好像坐在火山頂。這傢伙對於正在發生的事，不管什麼時候都要搞怪、從中作梗或爭論不休。前一天還喜歡某人，隔天卻決定挑剔他做的每一件事。我的生活就因爲和我同住的這個傢伙總是把每件事變成肥皀劇，才會一團亂。」此時你便已經爲眞正的轉變做好準備。一旦看清這點，學會不再認同你的室友，你就已經準備好要讓自己自由了。

如果你還沒有這樣的覺知，只要開始觀察就好。花一天觀察你室友做的每件事，從早上開始，注意它在每個狀況中說了什麼。每次遇見別人時，每次電話鈴聲響起時，就試著觀察。有個觀察的好時機，就是你洗澡的時候，去觀察那個聲音都說些什麼。你會發現，它從不讓你靜靜地洗澡。洗澡是爲了清洗身體，而非觀察頭腦說個不停。看看你能否全程保持足夠的清醒，去覺知當下發生的事。你會對自己的發現感到震驚，因爲它就只是從一個主題跳到下一個。這樣的喋喋不休顯得很神經質，你根本無法相信它一直都這樣，但它確實如此。

若想擺脫它，就必須這樣觀察。你不必對它做任何事，但得知道自己身處的困境。你必須了解，是內在的室友讓你落入狼狽的處境。如果希望從中獲得平靜，就必須修正這個情況。

捕捉你內在室友眞實樣貌的方法，是將它往外擬人化，假裝你的室友──精神──有它自己的身體。實際做法是**把你聽到的內在話語的完整性格，想像成站在外面對你說話的一個人**。只要想像有個人正在說你的內在聲音會說的每一件事。請花一天的時間和那個人相處。

你剛剛坐下來觀賞最喜歡的電視節目，問題是，你有此人作伴。現在你會聽到同樣不間斷的獨白，只不過以前它是內在的，如今和你同坐在沙發上，自言自語：

你把樓下的燈關了嗎？你最好去檢查一下。不要現在，我晚點會去，我想要看完這個節目。不，現在就去，電費會那麼高就是因為這樣。

你噤聲坐著，看著這一切。接著幾秒後，你的沙發夥伴又展開另一場爭執：

嘿，我想吃點東西！我好想吃披薩。不，你現在不能去買披薩，開車去太遠了。但我很餓，我什麼時候才能吃呢？

讓你驚訝的是，這些神經質的突發性衝突對話就這麼持續進行著。不只如此，這個人並非單純在看電視，而是對螢光幕上出現的一切事物都有話說。一個紅頭髮的人在戲中出現之後，你的沙發夥伴就開始咕噥著過去的伴侶和離婚的痛苦往事，然後吼叫便開始了，彷彿那個仳離的伴侶就與你共處一室！接著它停了，和開始時一樣突然。此時，你發現自己縮在沙發的角落，拚了命地想要盡可能遠離這個煩躁的傢伙。

你願意做這個實驗嗎？別試著阻止那人說話，只要嘗試藉由將內在的聲音外在化，以認識你的「室友」即可。給它一個身體，然後擺在外面，就像世上其他的人一樣。讓它變成一個人，在外面說著你腦中的聲音在你裡面說的一模一樣的話。現在讓這個人成爲你最好的朋友。畢竟，有多少朋友會讓你花上所有時間去陪伴，並注意他們說的每一句話？

如果外面有個人開始像你內在的聲音那樣對你說話，你會有什麼感覺？你會如何應對開口說出你內在所有心聲的人？不用多久，你就會叫他們離開，永遠不要再回來。但是，當內在的朋友持續說個不停時，你卻不曾叫它離開。無論它造成什麼麻煩，你都照聽不誤。你非常注意那個聲音，幾乎不會遺漏任何一句話。不管正在做什麼，即使是很有趣的事，它都會硬把你拉開。想像一下，你的戀愛修成正果，就要結婚了，結果在你開車前往婚禮現場時，它說話了：

也許這個人並不合適。我對此感到不安，我該怎麼辦？

如果在外頭的人這樣說，你不會理會，但你卻覺得應該對這個聲音做出回應，必須讓不安的心相信這個人很適合，否則它不會讓你步上紅毯。你就是這麼重視內在這個神經質的傢伙。你知道，如果不聽從，它會每天煩你：

我叫你別結婚，我說我不確定！

以下結果不容否認：如果那個聲音真的以某種方式顯化在你外面，而你必須每天帶著它到處轉，你會連一天都受不了。如果有人問，你的新朋友怎麼樣，你會說：「這是個嚴重心理失常的人。翻翻字典裡對『神經官能症』的解釋，你大概就了解了。」

就是這樣，一旦花一天時間和你的朋友相處，你還可能會去尋求它的忠告嗎？看過這個人有多麼頻繁地改變主意、在許多議題上有多麼矛盾，以及多麼情緒化、多麼過度反應，你還會想去徵詢它對人際關係或理財的意見嗎？生活中的每一刻，你都在這樣做，就是這麼令人吃驚。把它放回內在的正確位置後，它依然是告訴你生活的每個層面該怎麼做的同一個「人」。你曾費心檢查它的憑據嗎？那個聲音有多少次完全搞錯呢？

她不再喜歡你了，因此才沒打電話。她今晚就會和你分手，我感覺得到，我就是知道。如果她打電話來，你甚至不該接。

三十分鐘後，電話響了，是女友打來的。她是因爲在準備週年紀念日的驚喜大餐才遲到。對你來說那肯定是個驚喜，因爲你完全忘了週年紀念日。她說正在來接你的路上。哈，你很興奮，而內在聲音又開始暢談她有多好。但你是否忘了某件事？難道你忘了內在聲音之前出的餿主意，讓你半個小時前有多難過？

如果雇用了提供糟糕建議的人際關係顧問，你會怎麼做？那個顧問完全誤判整個情勢，若你聽從其建言，絕對不會拿起電話。你難道不會當場開除它？見識到它錯得多離譜之後，怎能再相信它的建議？那麼，你要開除內在室友嗎？畢竟它對情勢的建議與分析完全錯誤。不，你絕不會讓它對自己造成的麻煩負責。事實上，下一次你還是會對它言聽計從。這樣是理性的嗎？對於已經發生或即將發生的事，那個聲音有多少次是錯的呢？也許你應該好好注意自己徵詢意見的對象。

當你認眞嘗試這些自我觀察與覺知的練習時，會發現自己身陷困境。你將了解，你這一生只有一個問題，而你正看著它。它幾乎可說是你有過的每個問題的原因。現在問題變成：如何擺脫這個內在的麻煩製造者？你將認清的第一件事情是，除非你眞的想要，否則不可能擺脫它。除非觀察你的室友夠久，能眞正了解你所處的困境，否則沒有任何可供練習的基礎，能幫助你應付頭腦。一旦下定決心要讓自己擺脫腦中的肥皀劇，你便已經準備好接受教導和技巧，然後才能開始好好地加以運用。

知道你並非第一個有此問題的人，會讓你放心一些。之前有人也發現自己面臨相同的處境，其中許多人前往尋求精通此知識領域者的指導，被授予專爲這個過程而創設的教導與技巧，例如瑜伽。瑜伽其實並非強身術——雖然確實有此功效——而是幫助你擺脫困境的相關知識，是能讓你自由的知識。一旦你以這個自由爲生命的目的，便會有各種可以幫助你的靈性修行。這些修行是你爲了從自己手上解放自己而花時間去做的事。你終將了解必須和精神保持距離，而想要做到這一點，就得在你很清醒、不被頭腦障蔽時設定生命的方向。你的意志比聽從腦中聲音的習慣更強大，沒有什麼是你辦不到的。你的意志高於這一切。

如果希望讓自己自由，一定要先有足夠的自知之明，去了解你的困境。然後，你必須致力於讓自己自由的內在工作，全然投入生命去做，因爲你的生命完全依賴它。就現在的情況而言，你的生命並不屬於你自己，而是屬於你的內在室友——精神。你必須取回主導權。請堅定地站在見證者之位，放開習慣性頭腦對你的掌控。這是你的生命，把它取回來。

3 通往自由的關鍵提問

偉大的瑜伽導師拉瑪那．馬哈希常說，想達到內在自由，就得不斷認真地問：「我是誰？」這比閱讀經書、學習咒語或參拜聖地都更重要。只要問：「我是誰？看時是誰在看？聽時是誰在聽？誰知道我在覺察？我是誰？」

讓我們來玩一個遊戲，藉此深入探討這個問題。假設你和我在對話。在西方文化中，若有人來問你：「冒昧請教，你是誰？」你不會責備對方怎麼問了一個這麼深的問題，而是會告訴他你的名字，例如莎莉．史密斯。但我要挑戰這個回答——我拿出一張紙，寫下「莎—莉—史—密—斯」等字，然後拿給你看。這一堆字是你嗎？你看的時候是它們在看嗎？顯然不是，因此你說：

好！你對了。我很抱歉。我不是莎莉．史密斯，那只是人們稱呼我的名字。那是一個稱謂。其實我是法蘭克·史密斯的妻子。

當然不是，這甚至不符合現在的性別平等觀念。你怎麼可能是法蘭克·史密斯的妻子？難道你在遇見法蘭克之前不存在嗎？如果他死了或你再婚，你便不復存在了嗎？法蘭克·史密斯的妻子不可能會是「你」，那只是另一個稱謂，是你參與的另一個情況或事件的結果。那麼，你到底是誰？這次你答道：

好，現在我得謹慎回答了。我的稱謂是莎莉·史密斯，一九六五年出生於紐約，五歲前與父親哈利和母親瑪麗·瓊斯同住在皇后區。然後我搬到新澤西州就讀新方舟小學，就學成績一直是甲等。五年級時，我在《綠野仙蹤》戲裡扮演桃樂西。我從九年級開始約會，第一個男朋友是喬伊。大學就讀羅格斯學院，在那裡遇見法蘭克·史密斯，並與他結婚。這就是「我」。

等一下，這是個精采的故事，但我並不是問你出生以來的經歷，而是問：「你是誰？」你描述了這些經歷，不過，是誰在經歷這些事？如果你上不同的大學，難道你就不在那裡覺察你的存在了嗎？

深入思考這一點之後，你了解到，你從來沒問過自己這個問題，並眞的把它當一回事。「我是誰？」這是拉瑪那．馬哈希提出的問題。因此，你更認眞地深思之後，說道：

好，我是現在正占據這個空間的身體。身高五呎六吋，體重一百三十五磅，這就是「我」。

五年級扮演桃樂西時，你不是五呎六吋，而是四呎六吋，那麼哪一個才是你？你是四呎六吋的人，或五呎六吋的人？扮演桃樂西時，你不在那裡嗎？你說你在。那麼，擁有五年級時扮演桃樂西，以及現在正試圖回答問題這兩種經驗的，不都是你嗎？不都是同一個你嗎？

也許我們需要退後一步，先問一些周邊的問題，再回到核心問題。你十歲時看鏡子，有沒有看到一個十歲的身體？那和現在看著一個成年身體的，不是同一個你嗎？你看見的已經改變了，但那個在觀看的你呢？存有難道沒有連續性嗎？這些年來看著鏡子的，難道不是同一個存有嗎？你必須很仔細地思考此事。這裡還有另一個問題：你每晚睡覺時會做夢嗎？誰在做夢？做夢代表什麼？你答道：「嗯，那就像是一部在我頭腦裡上演的電影，而我在看它。」誰在看？「我在看！」和看鏡子的你是同一個嗎？讀這些字的，和看鏡子的，以及看夢的，都是同一個你嗎？清醒時，你知道你看過夢。存有的意識覺知是有連續性的，拉瑪那．馬哈希只是問了一些很簡單的問題：你看的時候是誰在看？聽時是誰在聽？誰在看夢？誰在看鏡中的影像？誰擁有這一切經驗？如果你試著誠實且直覺地回答，你會這麼說：「我，是我。我在此經歷這一切。」那大概是你會有的最佳答案。

其實很容易了解你不是你所看的對象。這是典型的主客體情況：你是主體，看著客體。因此，你無須經歷宇宙中的每一個客體，然後才說那客體不是你。我們可以很簡單地推斷，如果你是正看著某事物的人，則該事物便非你。因此突然間，你馬上知道你不是什麼：**你不是外在世界**。你是在裡面往外觀察那個世界的人。

很簡單。現在我們至少已經刪除無數外在事物了，但你是誰？如果你不是與其他所有事物同處於外在，那麼你在哪裡？你只須注意並了解到，即使外在所有客體消失，你依然會在那裡面體驗感覺。想像一下你會感到多麼害怕，或許還會覺得挫折，甚至憤怒。但是，誰在感覺這些事？再一次，你答道：「我！」這是正確答案。**同一個「我」既經**

歷外在世界，也體驗內在情緒。

要想看清這一點，請想像你正看著一隻狗在戶外玩耍，突然聽到背後有聲音，很像響尾蛇發出的嘶嘶聲！此時，你還會以同樣的專注程度看狗嗎？當然不會，你內心會感到極度恐懼。雖然狗還在面前玩耍，但你已經完全被恐懼的經驗占據，所有的注意力很快就會投入情緒中。但是，誰在感覺那份恐懼？難道不是看著狗的同一個你嗎？當你感覺到愛時，是誰在感覺愛？難道你感覺不到，愛多到讓你幾乎張不開眼？你會如此投入於美好的內在感受或駭人的內在恐懼，以致很難把注意力放在外在對象上。基本上，內在對象與外在對象競相吸引你的注意力，你在那裡同時擁有內在與外在經驗——然而，你是誰？

要更深入探討此事，請回答另一個問題：你是否有過沒有情緒體驗，而只是感覺到內在很平靜的時刻？你依然在那裡，但只覺察到祥和、平靜。最後你會開始了解，外在世界與內在情緒之流來來去去，但經驗這些事物的你依然有意識地覺知通過你眼前的一切。

但是，你在哪裡？也許我們可以在你的思想中找到。笛卡兒曾說：「我思故我在。」但果眞如此嗎？字典對「思」這個動詞的定義是「形成想法，運用頭腦去構思種種概念並做出判斷」，問題是，誰運用頭腦去形成想法，然後處理成概念與判斷？即使想法消失，這個想法的經驗者還存在嗎？很幸運地，你無須思考此事。沒有思想的幫助，你依然覺知到自己的存在，覺知到存在的感覺。當你進入深層的靜心狀態，例如思想停止時，你知道它停止了。你沒有去「思考」這件事，而是單純覺知到「沒有思想」。離開靜心狀態後，你說：「哇，我剛剛進入這個深層的靜心狀態，思想第一次完全停止。我處在一個完全平靜、和諧、寂靜之處。」如果你在那裡經歷到思想停止時生起的平靜，那麼，你的存在顯然無須依賴「思考」這個行爲。

思想可能會停止，也可能變得極爲喧囂。有時，你比其他時候更加思緒澎湃，甚至可能會對別人說：「我的頭腦快把我逼瘋了。打從他告訴我這些事之後，我甚至無法入睡。我的頭腦就是不肯住口。」誰的頭腦？誰在察覺這些想法？難道不就是你嗎？你沒有聽到你內在的想法嗎？你不曉得它們的存在嗎？事實上，難道你無法擺脫嗎？如果你開始有某個你不喜歡的念頭，不能試著趕走它嗎？人一直在和思想抗爭，是誰在覺知思想，又是誰在和它們抗爭？同樣地，你和你的思想之間有個主客關係，你是主體，思想只是另一個你可以覺知的客體。**你不是你的思想，你只是在覺知你的思想**。最後你說：

很好，我既不是外在世界的任何事物，也不是情緒。這些外在與內在的對象來來去去，而我則經歷它們。此外，我也不是思想。它們可能安靜或喧囂、快樂或悲傷。思想只是我覺知的另一項事物。然而，我是誰？

這開始變成嚴肅的問題：「我是誰？誰擁有這一切身體、情緒與頭腦的經驗？」因此，你稍加深入思考這個問題——藉由放下經驗，然後留意剩下誰。你會開始去注意誰在經歷這個經驗。最後，你會到達內在的某一點，在那裡，你了解到你這個「經驗者」具有某種特質。那種特質是覺知，是意識，是一種對存在的直觀感受。你知道你在那裡，不必去思考，你就是知道。如果想要，你可以思考這件事，但你會知道你在思考。不管有無思想，你都存在。

爲了讓這一點更貼近經驗，我們來做個意識實驗：瞥視房間或窗外一眼，你瞬間看見眼前一切事物的細節。你毫不費力地覺察到視野內一切遠近對象，在不移動頭或眼睛的情況下，你感知到即時所見事物的一切複雜細節。看看那所有的顏色、光線的變化、木頭家具的紋理、房屋的結構，以及樹葉與樹皮的變化。請注意到，你是立刻看見這一切，而不需要去思考。你不需要思想，你只是看見這一切。現在，試著運用思想去分離、稱呼並描述所見事物的一切複雜細節。與意識只是「看見」的瞬間快照相比，你腦中的聲音向你描述那一切細節得花上多少時間？當你只是觀看而不創造思想時，你的意識是毫不費力地覺知，並完全了解它看見的一切。

「意識」是你所能說出最高的詞，沒有比意識更高或更深的事物。意識是純然的覺知。但什麼是覺知？我們來做另一個實驗。比方說，你在房間裡看見一群人與一架鋼琴，現在，想像鋼琴從你的世界消失了，那會對你造成困擾嗎？你說：「不，我認爲不會。我不喜歡鋼琴。」好，接著想像房間裡的人都消失了，你仍然覺得沒問題嗎？你應付得來嗎？你說：「當然，我喜歡獨處。」現在，想像你的覺知消失了，直接關掉它。現在你感覺如何？

如果覺知消失了，那會怎樣？其實很簡單——你不會存在那裡。沒有「我」的感覺，那裡不會有人說：「哇，我過去一直在這裡，但現在我不在了。」不會再有存在的覺知，而沒有了存在的覺知，或意識，就什麼都沒有。有對象嗎？誰知道？如果沒有人在覺知對象，它們存在或不存在就完全無關緊要。有多少事物在你面前都無所謂，如果你把意識關掉，就什麼東西也沒有。然而，**假如你是有意識的，則可能你面前沒有任何事物，但你完全覺知那裡沒有任何事物**。這其實沒有那麼複雜，而且非常有啓發性。

那麼現在如果我問你：「你是誰？」你回答：

我是觀察者。從這裡後面的某處，我看出去，並覺知在我面前經過的事件、思想與情緒。

如果你走得很深，那裡就是你的居所。你居於意識所在之處。一個眞正的靈性存有住在那裡，不費力氣，沒有意圖。你最終會坐在內在夠深的地方，看著你所有的思想與情緒，以及外在的形形色色，就像你毫不費力地往外看，看到你所見的一切。這所有的對象都在你面前，思想較接近，情緒遠一點，外在的形形色色則更往外。在這一切後面，你就在那裡。你走得如此之深，因此了解到你一直在那裡。在生命的每個階段，你看見不同的思想、情緒與對象從你面前經過，但你一直有意識地接收這一切。

現在，你處於意識的中心。你在一切事物後面，只是看著。那是你眞正的家。**拿走其他所有事物，你依然在那裡，覺知一切事物消失；但拿走覺知的中心，就什麼也沒有了**。那個中心是「自性」所在。從那個位子，你覺知到有思想、情緒與一個世界經由你的感官進來。但現在，你覺知到你在覺知。那是佛教的「自性」、印度教的「大我」與猶太—基督宗教的「靈魂」所在之處。一旦你坐上內在深處那個位子，偉大的奧祕就展開了。

4 你不是你以爲的那個人

有一種夢名爲「清明夢」，在夢中知道自己正在做夢。如果在夢中飛翔，你知道自己正在飛翔，心想：「嘿，瞧！我正夢到我在飛翔，我要飛到那裡。」你實際上意識清楚到知道自己正在夢中飛翔，並且正做著這樣的夢。那和平常的夢很不一樣，平常是完全沉浸在夢裡，其中的差別，就和在日常生活中覺知你在覺知，以及不覺知你在覺知完全相同。當你是個有覺知的存有時，就不再完全沉浸於周遭的事件中，而是持續於內在覺知到，你是正在經歷種種事件及其相應思想與情緒的人。當一個念頭在這種覺知狀態中被創造出來時，你仍然覺知你是正想著那個念頭的人，而非沉浸其中。你是清明的。

這引發一些很有趣的問題。如果你是那個居於內在、正經歷這一切的存有，那這些不同的感知層次爲什麼會存在？當你坐在「自性覺知」的位子上，你是清明的；但是，若坐得不夠深入自性之中，以至於無法有意識地經驗當下的經歷，這時你在哪裡？

首先，意識有能力「聚焦」。那是意識的一部分性質。意識的本質是覺知，而覺知有能力變得比較覺知某件事，而較不覺知別的事；換言之，它有能力讓自己聚焦於某些對象。老師說：「注意我說的話。」那是什麼意思？意思是，把你的意識集中在一處。老師認爲你知道怎麼做。誰教過你該怎麼做呢？高中哪一堂課教過你把意識移到某處，以便聚焦於某樣事物呢？沒有人教過你，這是很直覺、很自然的。你一直都知道該怎麼做。

因此，我們確實知道意識存在，只是通常不談論而已。可能你一路從小學、中學到大學，都沒有任何人討論過意識的性質。幸好，意識的性質在瑜伽之類的深奧教導中已被仔細研究過了。事實上，古老的瑜伽教導全都和意識有關。

想要學習有關意識的一切，最好的方法是透過自己的直接體驗。例如，你清楚知道意識可以覺知大範圍內的許多對象，或者只專注於單一對象而忽略其他事物。你沉思時便會這樣。你可能正在讀書，然後突然沒在讀了。這種狀況一直發生，你只是突然想到別的事。外面的物品或腦中的念頭隨時可能吸引你的注意力，但無論是集中於外在世界或你腦袋裡的念頭，都是同樣的覺知。

關鍵在於，意識有能力專注於不同事物。主體——意識——有能力選擇性地將覺知聚焦於特定客體／對象。如果往後退，你會清楚看見各種對象持續在頭腦、情緒與身體這三個層次上經過你面前。當你並未歸於中心時，意識總是被那些對象中的一個或多個吸引，並聚焦其上；如果意識夠集中，你的覺知感會沉浸在那個對象之中，不再覺知它在覺知那個對象。你可曾注意到，當你聚精會神地看電視時，渾然不覺自己坐在哪裡或屋裡正在發生什麼事？

要檢視我們的意識中心如何從自性覺知轉移到沉浸於專注的對象之中，用看電視來比喻再理想不過了。差別只在於你不是坐在客廳裡聚精會神地看電視，而是坐在你的意識中心，全神貫注於頭腦、情緒與外在影像的畫面上。當你專注於身體感官的世界時，它吸引住你，接著你的情緒與頭腦反應進一步吸引你。此時，你不再坐在位於中心的自性上，而是投入你正在觀看的內在表演中。

來看看你的內在表演。有個基本思想模式一直圍繞著你進行，這個思想模式幾乎一直維持原樣。對於你通常的思想模式，你覺得非常熟悉、自在，就好像自家生活空間一樣。此外，你還有情緒基準：某種程度的恐懼、某種程度的愛，以及某種程度的不安全感。你知道如果發生某些事，這些情緒中的一個或多個就會突然爆發，並支配你的覺知；然後，這些情緒終將沉澱下來，回歸基準。你很清楚，所以內心忙著確保不會發生製造這些騷動的事。事實上，你是如此專注於控制你的思想、情緒與身體感官的世界，以至於甚至不知道你就在那裡面。這是多數人的常態。

處於這種迷失狀態時，你完全被思想、感受與感官的對象吸引，以致忘了主體。此刻，你正坐在意識中心裡面，觀看你個人的電視節目，但有許多有趣的對象正在擾亂你的意識，讓你忍不住陷入其中。這令人無法抗拒，從三個面向環繞著你。所有的感官——視覺、聽覺、嗅覺、味覺、觸覺——都拖你下水，感受與思想也是，但你其實正安靜地坐在裡面，往外看著這所有的對象。就像太陽不會偏離它在空中發射光線照亮物體的位置，意識也不會偏離發射覺知到形相、思想與情緒等對象上的那個中心。任何時候只要你想重返中心，在腦中重複說「嗨」即可，然後注意到你正在覺知那個念頭。別想著你在覺知它，那不過是另一個念頭。只要放輕鬆，並覺知到你可以聽見「嗨」在你腦中迴響。那就是你居於中心的意識所在。

現在，讓我們從小螢幕移到大銀幕，以電影爲例來研究意識。看電影時，你讓自己陷入其中，這是觀影經驗的一部分。面對電影，你用到兩種感官：看與聽。而讓這兩種感官同步是很重要的，否則你不會太投入其中。想像你正在看〇〇七情報員詹姆士．龐德的電影，結果聲音與畫面竟然不同步，如此一來，你不會陷入電影的魔法世界，而是始終很清楚地知道你正坐在戲院裡，且某個環節出了錯。不過，因爲聲音與畫面通常會完美地同步進行，電影才會抓住你的覺知，讓你忘了自己正坐在戲院裡。你忘了個人的思想與情緒，意識被拉入影片中。仔細思考這兩種經驗：在冷颼颼的陰暗戲院裡，旁邊坐著陌生人，以及全神貫注於電影情節中，以致完全不知道周遭狀況——兩者的差異眞的很大。事實上，面對一部迷人的電影，你可能整整兩小時都渾然忘我。因此，如果要讓意識完全融入電影情節中，視覺與聽覺同步是很重要的，而那只是你感官裡面的兩種而已。

當你的觀影經驗包含嗅覺與味覺時，會發生什麼事？想像一下，你感受到影片裡的某人正在吃東西，嘗到他嘗到的味道，聞到他聞到的氣味，你肯定會著迷。感官輸入加倍了，牽引你意識的對象數量也因此加倍。聽覺、視覺、味覺、嗅覺，而我們還沒提到最大的一個——你進戲院甚至會有觸覺？這五種感官一起運作時，你根本無力招架。它們如果同步，你會完全被吸引入那個經驗中。但是，也不必然會如此。想像你正坐在戲院中，即使有這個難以抵擋的感官經驗，你還是覺得電影很無聊。它就是無法吸引你的注意，因此你的思緒開始游移，開始想著回家之後該做什麼、想著過去發生的事。過了一會兒，因爲太沉迷於自己的種種念頭，你幾乎沒察覺到你正在看電影。儘管五種感官持續對你傳送電影的訊息，依然發生了這種事。而這個狀況之所以有可能發生，是因爲你的念頭還是可以獨立於電影之外浮現，提供了一個讓意識聚焦的替代處所。

現在想像一下，電影不只包含五種感官，連思想與情緒也和銀幕上正在發生的情節同步。在這樣的觀影經驗中，你聽著、看著、嚐著，並且突然開始感受到劇中人的情緒、想著劇中人腦袋裡的念頭。劇中人說：「我好緊張，我該向她求婚嗎？」突然間，你內心湧起不安。現在，我們擁有這個經驗的完整面向：五種身體感官，加上思想與情緒。想像你去看那樣的電影，並且完全投入。小心！那會是你覺知自己的結束。你意識的對象沒有一個不是和觀影經驗同步，你覺知的任何落點都是電影的一部分。一旦電影控制了思想，就結束了。沒有一個「你」在那裡說：「我不喜歡這部電影，我想離開。」要那樣做得有獨立思想，但你的思想已經被電影接管。現在你完全迷失了，究竟該如何跳脫？

聽起來很嚇人，但這就是你生命中的困境。因爲你所有的覺知對象都同步了，你被吸了進去，不再覺知到你有別於那些對象。思想與情緒和視覺與聽覺同步行動，它們全部進來，你的意識徹底被吸引住。除非完全坐在見證意識的位子上，你不會覺知你是正在觀看這一切的人。這就是所謂的「迷失」。

迷失的靈魂是陷落的意識，掉入一個人的思想、情緒，以及視覺、聽覺、嗅覺、味覺、觸覺都同步的地方。這所有的訊息匯歸於一處，然後能覺知任何事物的意識犯下過度聚焦於那一處的錯誤。當意識被吸進去時，它不再視自己爲自己，而是把自己當作它正在經驗的對象；換言之，**你把自己視為這些對象，認為自己是種種經驗的總和**。

去看這種先進的電影時，你就是這麼想的。在這樣的電影中，你會先選擇希望成爲的角色。比方說，你決定：「我要當詹姆士．龐德。」好，不過一旦按下按鈕，就這樣了。按鈕最好有裝上計時器！你——你現在認爲的自己——已經不在了，因爲此刻你所有的想法都是詹姆士．龐德的想法，你現存的整個自我概念都消失了。記住，你的自我概念只是你對自己的想法的集合。同樣地，你的情緒是龐德的，而且正透過他的視覺和聽覺角度看電影。你的存有唯一維持不變的面向，是覺知這些對象的意識。它是覺知你原來那些想法、情緒與感官輸入的同一個覺知中心。現在，有人關掉電影，龐德的想法和情緒立刻被你原來那些想法和情緒取代，你又重新認爲你是個四十歲的女人。所有的想法都吻合，所有的情緒都吻合，每樣事物看起來、聞起來、嘗起來、感覺起來都和以前一樣，但那並不會改變這個事實：一切都只是意識正在經驗的某樣事物。**一切都只是意識的對象，而你就是意識**。

一個有意識、歸於中心的人，和一個不是那麼有意識的人，兩者的差別只在於他們覺知的焦點。意識本身並無差別，一切意識都相同。就像所有來自太陽的光都是一樣的，所有的覺知也是。意識既非純粹，也非不純粹，它沒有任何特質，只是在那裡，覺知它在覺知。差別在於當你的意識不是集中於內時，就會完全聚焦於它的對象上。然而，當你歸於中心時，你的意識總是覺知它是有意識的。你對存在的覺知，並不依賴於你恰巧覺知到的內在與外在對象。

如果眞的想了解這個差別，就必須從認清意識可以聚焦於任何事物開始。既然如此，假如意識聚焦於它自己呢？這種情況發生時，你不是覺知你的念頭，而是覺知你在覺知你的念頭。你將意識之光轉回它自己身上。你總是在沉思某件事，但這一次，你是在沉思意識的源頭。這是眞正的靜心。眞正的靜心超越單純專注於一點的動作。對最深層的靜心來說，你必須不只能將意識完全聚焦於一個對象，還要可以讓覺知本身成爲那個對象。在最高的境界中，意識的焦點被轉回「自性」。

當你沉思自性的本質時，就是在靜心。這便是爲什麼靜心是最高境界。它是回到你存在的根本，單純覺知你在覺知。一旦意識到意識本身，你就達到完全不同的境界了。現在，你覺知你是誰，成了覺醒的人。那眞是世上最自然的事了。我在這裡，一直在這裡。這就好像你在沙發上看電視，但完全融入劇情，而忘了身在何處。有人搖了搖你，這時，你回過神來，又覺知你正坐在沙發上看電視了。別的事都沒有改變，你只是停止將自我感投射到那個特定的意識對象上。你醒了。那就是靈性，那就是自性的本質，那就是眞正的你。

當你往後退，進入意識之中，這個世界不再是個問題，而只是你在觀看的某樣事物。它持續變化，但你不覺得那是個問題。你愈是願意單純讓這個世界成爲你覺知的某樣事物，它愈會讓你成爲眞正的你——覺知，自性，大我，靈魂。

你領悟到，你並不是你以爲的那個人。你甚至不是人，而只是剛好在觀察一個人。你會開始在自己的意識中心之內擁有深刻的體驗，深刻而直覺地體驗到自性的眞實本質。你會發現，你極其廣闊。當你開始探索意識而非形相時，你領悟到**你的意識之所以顯得狹小有限，是因為你聚焦於狹小有限的對象上**。當你只聚焦於電視時，就會發生這種狀況——你的世界裡再也沒有別的事。然而，假如你往後退，便會看見整個房間，包括電視。

同樣地，不要只專注於這一個人的思想、情緒與感官世界，你可以往後退，看見每一樣事物。你可以從有限移向無限，這不正是基督、佛陀，以及所有時代、所有宗教的偉大聖者與賢人一直試著告訴我們的嗎？

聖者拉瑪那．馬哈希常問：「我是誰？」現在我們明白，這是個很深的問題。不停地問這個問題，持續地問，然後你會察覺到，你就是答案。沒有智性層面的答案——你就是答案。成爲那個答案，一切都將改變。

第 2 部
體驗能量的存在

若你願意體驗生命的禮物，而非對抗，則將前進到你存在的深處。
當你達到這個狀態時，會開始看見心的祕密。
心是能量流進出以維持你生命的所在，這股能量啓發並滋養著你。

5 打破封閉自己的習慣

意識是生命中的大奧祕之一，而內在能量是另一個。西方世界對內在能量法則投入的關注之少，實在令人汗顏。我們研究外在能量，並高度重視能量來源，卻忽視內在的能量。人畢生都在思考、感覺與活動，卻不了解是什麼東西讓這些活動發生。事實上，**身體的每一個動作、你擁有的每一個情緒，以及通過你腦海的每一個念頭，都是能量的支出**。就像外在物質世界中發生的每件事都需要能量一樣，內在發生的每件事也需要耗費能量。

例如，若你專注於一個念頭，而另一個念頭介入，你就必須奮力抵抗介入的念頭。這需要能量，而且可能逐漸將你消耗殆盡。同樣地，如果你嘗試在心中把持住一個念頭，它卻一直飄走，你就必須集中注意力將它拉回來，而這麼做其實是在發送更多能量到那個念頭上，將它固定在一個地方。此外，你也發出能量處理情緒。如果有個討厭的情緒影響到你正在做的事，你一定會把它推開。這幾乎是你的直覺反應，好讓討厭的情緒不會出來擾亂你。這裡提到的每個動作都是能量的支出。

思緒的創造、保留與憶起，情緒的產生與控制，強大內在欲求的管束，都需要巨大的能量支出。這些能量從哪裡來？爲什麼能量有時存在，有時又感覺完全耗盡？你曾否察覺，當你在腦力或情緒上耗盡時，食物的幫助並不大？相反地，回顧生命中那些陷入愛河或被某事激勵與啓發的時刻，你是如此充滿能量，讓你甚至不想吃東西。這裡所討論的能量並非來自食物的熱量。有個能量來源可以從內在取得，與外在能量來源不同。

檢視這個能量來源最好的方法，是看看以下的例子。二十多歲時，女友/男友和你分手。你沮喪不已，開始一個人待在家。不久之後，因爲你沒有能量打掃，地上堆滿雜物。你幾乎無法起床，就一直睡覺。你一定有吃東西，披薩盒子散落各處，但任何事似乎都幫不上忙，你就是沒有能量。朋友邀你出去，都被你拒絕，你疲倦到什麼事都做不了。

大多數人都經歷過這種事。你覺得走不出去，好像會永遠待在那裡，然後有一天，電話突然響了，是女友打來的。沒錯，就是那個三個月前甩掉你的人。她哭著說：「哦，天啊！你還記得我嗎？希望你還會和我說話。我覺得糟透了，離開你是我犯過最大的錯誤。我現在明白你對我有多麼重要，沒有你，我活不下去。我此生唯一感受過的眞愛，就在和你交往的那段時間。請你原諒我好嗎？你能不能原諒我？我能過去看你嗎？」

現在，你感覺如何？說眞的，獲得足夠能量從床上爬起來、打掃房間、洗澡並稍微打扮一下，花了多久？幾乎是一瞬間。掛斷電話那一刻，你便充滿能量。這是怎麼辦到的？你原本完全筋疲力盡了，幾個月來沒有任何能量，然後莫名其妙，才幾秒鐘而已，你的能量便爆滿了。

你無法忽略能量層次上的這些巨大轉變。那股能量究竟是從哪裡來的？你並沒有突然改變飲食或睡眠習慣，但女友來訪後，你們徹夜長談，然後一早就出去看日出，而你一點也不累。兩人復合了，手牽著手，洶湧而出的喜悅將你淹沒。人們看見你，都說你看起來就像一道光。這股能量從何而來？

仔細觀察便會發現，你內在有一股驚人的能量，不是來自食物，也不是來自睡眠。你隨時可以使用這股能量，無論何時都能取用，它就從內在湧出，並充滿你。當你充滿這股能量時，覺得自己好像可以扛起這個世界；當它強而有力地流動時，你眞的可以感覺到它以波浪的形式流過你。它從內在深處自然湧出，並修復你、補足你、爲你充電。

你始終無法感覺到這股能量的唯一原因，是你把它堵住了——藉由封閉心、封閉頭腦，以及將自己拉進內在一個受限的空間。這使得你和一切能量絕緣。當你封閉心或腦時，便躲進內在的黑暗處。那裡沒有光，沒有能量，沒有任何事物在流動。能量依然存在，卻進不來。

這就是所謂的「堵住」，就是沮喪時缺乏能量的原因。你內在有一些能量中心在傳送能量流，把那些中心封閉起來，便沒有任何能量，打開就有。雖然你裡面存在著不同的能量中心，但關於封閉與打開，你直覺上最熟悉的，是你的心。假設你愛某人，在對方面前覺得很能敞開來，因爲信任他，你卸下心防，於是感受到許多高能量；但如果對方做了一件令你討厭的事，下次看見他，你就不會感受到那麼高的能量。你感受不到那麼多的愛，反而覺得胸口緊繃，這是因爲你封閉了心。心是一個能量中心，可以打開或關閉。瑜伽士稱能量中心爲「脈輪」。當你封閉心時，能量就流不進來；而能量流不進來時，便有黑暗。你不是感受到巨大的騷動，覺得非常混亂，就是感到了無生氣，這取決於你封閉的程度。人們經常在這兩種狀態之間來回擺盪。然後，如果你發現你所愛的人並沒有做錯任何事，或者如果他的道歉令你滿意，你的心就會再次打開。隨著心打開來，你充滿了能量，愛也開始再次流動。

你生命中曾感受過多少次這樣的動態？你內在有個美好能量的泉源，當你敞開來，便能感受到它；封閉時，則感受不到。這股能量流來自你的存在深處，有許多名稱，古老的中國醫學稱之為「氣」，瑜伽稱之為「夏克提」，西方世界則叫它「聖靈」。你高興怎麼稱呼都可以。所有偉大的靈性傳統都在談論你的靈性能量，只是名稱不同罷了。當愛湧上心頭，你體驗到的就是這股靈性能量，對某事充滿熱情時體驗到的也是，而這股高能量是從你內在湧出來的。

你應該認識這個能量，因為它是你的，是你與生俱來的權利，而且是無限的，隨時想要都可以取用。它與年齡無關，有些八十歲的人擁有孩子的能量與熱情，可以一週七天長時間工作。它就只是能量，而能量不會變老，不會疲累，且不需要食物，需要的是開放與接受。每個人都可以利用這個能量。太陽對不同的人不會有不一樣的照射程度，你很善良，它照耀你；你做了壞事，它還是把光投射在你身上。內在能量也一樣，唯一的差別是：你有能力在自己之內封閉起來，堵住內在能量。當你封閉時，能量停止流動；敞開來，能量便在你裡面湧現。真正的靈性教導談的是這個能量，以及如何敞開來接受它。

你唯一必須知道的是：開放可使能量進入，封閉則將它擋住。現在你必須決定想不想要這個能量。你想要得到多高的能量？想要感受多少愛？對於所做的事，想要擁有多少熱情？如果享受圓滿人生意味著一直體驗到高能量、愛與熱情，那就永遠別封閉自己。

想要保持開放，有個很簡單的方法：只要永遠別封閉，就可以保持開放。真的就是這麼簡單。你唯一要做的只是決定：願意保持開放，或者覺得封閉比較好。你其實可以訓練自己忘記如何封閉。封閉是種習慣，就像其他習慣一樣可以打破。例如，你可能很怕生，與人初次見面時很容易封閉自己；實際上，每次有人接近，你也許都會習慣性地產生不安與封閉的感覺。你可以訓練自己反過來做，訓練自己每次看見人都要開放。這只是一個想要封閉或開放的問題，最終還是由你掌控。

問題是，我們並未行使那個控制權。正常情況下，我們的開放狀態被交託給心理因素。基本上，我們是根據過去的經驗而被設定成開放或封閉。過去的印象還在我們裡面，會被不同的事件激發。如果是負面印象，我們就傾向封閉；若是正面印象，則傾向開放。假設你聞到某種氣味，讓你想起小時候的晚餐，那麼，你對該氣味的反應取決於過往經驗留下的印象。你喜歡和家人共進晚餐嗎？食物美味嗎？答案若是肯定的，那個氣味就會令你感到溫暖與開放；如果和家人一起進餐沒有太多樂趣，或者你必須吃下討厭的食物，你就會覺得緊張與封閉。真的就是這麼敏感。氣味可以令你開放或封閉，而看見某種顏色的車子，甚至看見別人穿的某種鞋子，也可能如此。我們基於過去的印象被設定，幾乎各種事物都可能讓我們開放或封閉。留心一下，你會發現這種狀況每天從早到晚不時在發生。

但是，你絕不該將能量流這麼重要的東西交由運氣決定。如果你喜歡能量，而且很確定，那就永遠別封閉。你愈是學著保持開放，能量就愈可以流進來。請藉由不封閉來練習開放，每當你開始封閉，就問自己是否眞的想要切斷能量流，因爲只要你想，無論這個世界發生什麼事，你都可以學習保持開放。你就是許下承諾，要開發接收無限能量的能力。只要決定不封閉就好。起初會覺得不自然，因爲你固有的習性就是把封閉當作保護手段。但是，封閉你的心無法眞的保護你，只會讓你與能量來源隔絕開來。最後，只會把你鎖在裡面。

你會發現，你眞正想從生命獲得的，是感受到熱情、喜悅與愛。如果你一直都感受得到，那誰在乎外面發生些什麼？假如你可以一直覺得快樂，假如你可以一直對當下的經驗感到興奮，那麼該經驗爲何就無所謂了。當你內在有那種感覺時，無論什麼樣的經驗都是美好的。因此，你學習不管發生什麼都保持開放。如果這麼做，你就能免費獲得其他人努力爭取的東西——愛、熱情、興奮與能量。你完全了解到，界定你需要些什麼才能保持開放，到頭來其實是限制了你。如果列舉這個世界必須怎樣才能使你敞開來，你便把自己的開放限定在那些條件之內。最好是無論如何都敞開來。

如何學習保持開放由你決定，終極訣竅是別封閉。若不封閉起來，你就已經學會保持開放了。**別讓生活中發生的任何事重要到讓你願意為它關上自己的心**。當你的心開始封閉時，只要說：「不，我不打算封閉起來。我要放鬆，讓這個狀況發生，並與它同在。」重視且尊敬這個狀況，面對它。想盡辦法處理，盡可能做到最好，但要帶著開放的態度，帶著興奮與熱情。無論這個狀況爲何，讓它成爲當天的娛樂。遲早你會發現，你忘了如何封閉。無論別人做了什麼，無論發生什麼狀況，你絲毫不會想要封閉起來，只會全心全意擁抱生命。一旦達到這樣高的境界，你的能量層次會很驚人。你隨時都有自己需要的所有能量，只要放鬆、敞開來，巨大的能量便會在你之內湧現，你只是被保持開放的能力限制住了。

若眞的想保持開放，就去留意自己何時感覺到愛與熱情，然後問自己，爲什麼無法一直有這種感覺？它爲什麼必須消失？答案很明顯：這種感覺只在你選擇封閉時才會消失。實際上，你藉由封閉，而選擇了不去感覺開放與愛。你一直在拋開愛。別人說了令你討厭的事之後，你開始感覺不到愛，然後就放棄愛；別人批評某事之後，你開始感覺不到對工作的熱情，然後就想辭職。那是你的選擇。你可以因爲不喜歡所發生的事而封閉，或者可以藉由不封閉而持續感受到愛與熱情。只要去定義你喜歡什麼、討厭什麼，你就會開放與封閉。實際上，你是在定義自己的限制。你允許頭腦創造讓你開放與封閉的觸發器。放下那個，勇敢地做個不同的人，享受生命中的一切。

愈是維持開放，能量流愈強，到了某個點，流入的能量會多到滿溢。你感覺它像波浪般從你身上往外湧流，眞的可以感受到它從你的手、你的心，以及其他能量中心流出去。這些能量中心都打開來，大量的能量開始從你身上往外流，而且還影響到其他人。人們可以感受到你的能量，你提供了他們這股能量流。如果你願意更加敞開來，它永遠不會停止，於是你成了周遭所有人的光源。

請保持開放，不要封閉。持續等待，直到你看見自己身上發生了什麼。你甚至可以用你的能量流影響身體的健康狀況。當你開始感覺快要生病時，就放鬆、敞開來。敞開的時候，你將更多能量帶入體內，它可以療癒你。能量可以療癒，這就是爲什麼愛有療癒能力。在你探索內在能量時，無數的新發現便已爲你開啓。

生命中最重要的事物，是你的內在能量。如果一直感到疲倦且毫無熱情，人生就一點樂趣也沒有；然而，如果總是覺得備受激勵且充滿能量，那麼每一天的每一刻都是令人興奮的經驗。藉由靜心，藉由覺察，你可以學會讓能量中心保持開放。只要放鬆、放下就能做到，只要別相信有任何事值得你爲它封閉自己就能做到。記住，若你熱愛生命，就沒有任何事物值得你爲它封閉自己。永遠沒有任何事值得你爲它關上自己的心。

6 敞開心，讓生命事件通過

很少人了解心。事實上，心是造物主的傑作，是令人歎爲觀止的樂器，有潛力創造出遠超過鋼琴、弦樂器及長笛之美的共鳴與和聲。你可以聆聽樂器演奏，卻感覺到你的心；如果你覺得感受到了樂器，那只是因爲它觸動了你的心。你的心是由很少人能察知的極微細能量構成的樂器。

多數人的心是在未被注意的情況下運作。雖然它的運轉狀況影響了生命的進程，卻不被了解。如果在某個時間點，心恰巧打開，我們就陷入愛河；如果在某一刻，心恰巧關上，愛就停止。假如心恰巧受了傷，我們會憤怒；假如完全停止感覺心，則會變得空虛。因爲心經歷變化，才會發生這些不同的事。發生在心中的這些能量轉移與變動，主宰你的人生。你是如此認同它們，以致當你提到心中發生的事，會使用「我」這個字。但事實上，你並非你的心，而是心的**體驗者**。

心其實很容易了解。它是能量中心，是一個脈輪，是最美、最強大的能量中心之一，影響到我們的日常生活。我們已經發現，能量中心是體內的一個區域，能量透過這裡聚集、散布與流動。這股能量流被稱爲「夏克提」「聖靈」與「氣」，在你的生命中扮演錯綜複雜的角色。你一直都感覺到心的能量。想想在心裡感受到愛，或覺得心中湧現靈感與熱情，或覺得心中迸發能量，讓你充滿信心與力量，是什麼感覺。因爲心是能量中心，這一切才會發生。

心藉由開放與封閉而控制能量流。這意味著心就像閥門，可以讓能量流通過，或者限制它通過。觀察你的心就會清楚知道，它開放與封閉時各是怎樣的感受。事實上，心的狀態經常改變，你會在某人出現時體驗到愛的美好感覺，直到對方說了令你討厭的事爲止，然後你的心就會對他封閉，再也感覺不到一點愛。我們都經歷過這種事，但這究竟是如何造成的？由於我們都必須去體驗心，因此最好也了解那裡發生了什麼事。

就從提出一個基本問題開始分析：心的構造如何讓它封閉？你會發現，**心因為被過去儲存下來、未完成的能量形態堵住，所以才會封閉**。你只須檢視每天的經驗就能了解這一點。世上發生的種種事件透過你的感官進入，影響了你的內在狀態。這些事件的經驗可能會帶出某種恐懼、焦慮或愛。內在之所以發生不同的經驗，是你在這個世界通過你時接受與消化它的方式造成的。當你經由感官接受這個世界時，進入你存在之中的其實是能量，形相本身並不會進入你的頭腦或心。形相會留在外面，但它被你的感官處理成你的頭腦與心能接受及體驗的能量形態。科學爲我們解釋了這個知覺過程。你的眼睛其實不是你向外看世界的窗戶，而是傳送這個世界的電子影像給你的照相機。所有的感官都是如此——感覺這個世界，轉換資訊，經由電子神經脈衝傳遞資料，然後種種印象就在你的腦中被解譯。你的感官其實是電子感應裝置，但如果進入你精神之中的能量形態製造了混亂，你就會阻止，不讓它們通過你。而當你這麼做時，能量形態實際上是被堵在你裡面了。

這很重要。想要進一步了解這些能量儲存在你裡面是怎麼回事，就先來檢視如果沒有儲存任何東西會是什麼感覺。假如每樣事物都只是通過你呢？例如，當你沿著高速公路開車時，可能經過幾千棵樹，這些樹並未讓你留下任何印象，剛感知到就消失了。開車時，你看見樹、建築物與車子，但是都沒讓你留下持久的印象，只是瞬間印象，好讓你看見它們。這些事物雖然確實透過感官進入，並在腦中留下印象，但印象剛形成就被放掉了。當你對它們沒有任何個人見解時，印象便會自由地行進。

這是整體感知系統的預定運作方式——預定要**接收事物，讓你體驗，然後讓它們通過，這樣你才能全然存在於下一瞬間**。這個系統處於運作狀態時，你好它也好。你只是擁有一個又一個經驗。開車是一個經驗，樹木經過是一個經驗，車子經過也是一個經驗。這些經驗是給你的禮物，就像一部偉大的電影。它們進入你，喚醒並刺激你，對你眞的有深遠的影響。經驗一刻又一刻地進入，而你正在學習與成長。你的心與頭腦在擴展，你在很深的層次上被觸動。如果經驗是最好的老師，那麼沒有任何事物能與生命的經驗相比。

所謂過生活，就是體驗通過你的這個瞬間，然後體驗下一瞬間，然後再下一瞬間。許多不同的經驗會進入並通過你，正確運作時，這是個非凡的系統。如果可以活在那種狀態中，你會是個完全覺知的人。覺醒者就是這樣活在「當下」的。他們當下存在，生命當下存在，而整個生命正通過他們。想像一下，如果在每個生命經驗中，你都完全活在當下，讓它碰觸到你存在的深處，會是什麼感覺。每個瞬間都會是刺激又動人的經驗，因爲你完全敞開來，而生命會直接流過你。

然而，我們多數人的內在並不是這麼回事，而比較像是你正在街上開車，樹木來了，車子來了，全都毫無問題地直接通過你，然後必然有某樣事物進入卻無法通過。有這麼一輛淺藍色的福特野馬，外觀很像你女友的車，但是它經過時，你注意到前座有兩個人抱在一起，至少他們看起來像在擁抱，而那確實像是你女友的車。但是，那就是一輛和其他所有車子一樣的車，不是嗎？不，對你而言，它和其他車子不一樣。

讓我們仔細看看發生了什麼事。對眼睛這部相機而言，那輛車和其他車子當然沒有差別。光線射到物體反彈回來，通過視網膜，在你腦中造成視覺印象。因此在身體層次上，並未發生什麼不一樣的事；但在頭腦層次上，印象並未通過。下一瞬間到來時，你不再注意到其他的樹，沒有看見其他的車子，你的心與腦對那輛車念念不忘，即使它早已消失。你在這裡給自己造成了一個問題：有個堵塞，一件事卡住了。接下來的所有經驗試圖通過你，但內在發生了某件事，讓這個過往經驗處於未完成狀態。

沒有通過的這個經驗怎麼了？具體來說，如果女友車子這個畫面沒有像其他事物一樣消退到深層記憶中，會怎麼樣？在某一刻，你必須停止聚焦其上，以便處理別的事——例如下一個紅綠燈。你不了解的是，你整個生命經驗都將因爲沒有通過的事物而改變。生命現在必須和這個堵住的事件競爭，以贏得你的注意力，而印象不會只是靜靜地坐在那裡。你將發現，你經常會想到它，這都是爲了嘗試透過頭腦找到處理這件事的方法。你不需要處理樹，但必須處理此事。因爲你抗拒，它卡住了，現在你有了個難題。你看見這樣的念頭冒了出來：「嗯，也許那不是她。那當然不是她。怎麼可能發生那種事？」念頭一個接一個出現，幾乎令你瘋狂，而那所有的內在噪音，都只是你想要處理堵住的能量並將它排除的嘗試。

長久下來，無法通過的能量形態被推到頭腦最重要的位置駐留，直到你準備好要釋放它們。這些擁有大量相關事件細節的能量形態是眞實的，不會就這麼消失。**當你無法讓生命事件通過時，它們會留在你裡面，變成問題**。這些能量形態可能會被保留在你之內很長一段時間。

要把能量長期聚集在一處並不容易。當你刻意努力不讓這些事件從你的意識通過時，能量首先會嘗試透過頭腦顯化而釋放，所以頭腦才會變得很活躍。當能量因爲牴觸其他想法與概念而無法通過頭腦時，接著就會嘗試透過心來釋放，因而造成各種情緒活動。當你連那樣的釋放也抗拒時，能量就會積存起來，並被迫深埋在心裡。在瑜伽傳統中，這種未完成的能量形態被稱爲「業行」或「行」，用白話來說是「印象」之意。瑜伽的教導認爲，這是影響你生命的重大因素。「業行」是一種堵塞，是過去留下來的印象，是最後會掌控你人生的未完成能量形態。

爲了理解這一點，讓我們深入檢視這些被堵住的能量形態背後的物理學。就像能量波一樣，進入你的能量必須持續前進，但那並不表示它不會被堵在你裡面。有個方法可讓能量既前進又留在一處——環繞著它本身運行，「自轉」。在原子與行星軌道中都能看見這種現象。所有事物都是能量，而能量如果未受控制，就會向外擴張。爲了顯化出萬物，能量必須進入自轉的動力，以創造一個穩定的單元。這就是爲什麼顯化爲一個原子的能量形成了打造這整個物質宇宙的基礎材料。能量繞著自身運轉，而如同我們已經發現的，原子蓄積足夠的能量，一旦能量被釋放，便足以炸掉世界。然而，除非受到外力壓迫，否則能量在平衡的狀態下，只會持續受到控制。

這個能量自轉的過程，正是業行的情況。業行是在一個相對平衡的狀態中，儲存的過往能量形態的循環。因爲你抗拒體驗這些能量形態，導致能量持續自轉。它沒有其他地方可去，你不讓它去。多數人就是這樣處理自身問題的。這個自轉能量包員的儲存在你能量上的心的中心，你一生累積的所有業行都儲存在那裡。

要完整體會這是什麼意思，讓我們回到那輛看似你女友的車的淺藍色福特野馬。一旦混亂的能量形態被包起來儲存在心中，基本上是不活躍的。表面上看起來，你已經處理好狀況，對那個經驗不再有問題。你甚至可能不會對女友提起此事，免得她以爲你在嫉妒。你不知道該怎麼做，因此抗拒那股能量，它就此被儲存在心中，可能逐漸成爲背景，不會造成困擾。那件事似乎已經結束了、消失了，其實不然。

你儲存的每一個業行都還在那裡。沒有通過你的每一件事，從嬰兒時期直到此刻，都還在你裡面。正是這些印象，這些業行，在靈心（spiritual heart）的閥門結了硬殼。那個硬殼逐漸變厚，並限制能量流動。

既然我們了解心裡的堵塞來自何處，便回答了心如何被堵住的結構性問題。你當然看得出來這個可能性：印象累積到某個程度之後，幾乎沒有能量可以通過。如果印象充分累積，你會發現自己處於憂鬱狀態。在那個狀態中，一切都變得灰暗，因爲幾乎沒有能量進入你的心或腦中。最後，每樣事物看起來都很負面，因爲感官世界在到達你的意識前，必須先通過這個憂鬱的能量。

然而，即使你沒有憂鬱傾向，長期下來，你的心仍然被堵住。它就是逐漸增大，但並非一直處於被堵住的狀態。它經常開開關關，端視生命經驗而定。這引發了下一個問題：心的狀態頻繁變化的原因是什麼？仔細觀察便會發現，與同樣那些儲存下來、造成堵塞的過往印象有關。

儲存的能量形態是眞實的。業行實際上是以無法通過的那個事件的特定細節設定的，如果你因爲覺得看見女友和別人在車裡擁抱而感到嫉妒，與那件事有關的極詳細資料會被儲存在業行中，具有那個事件的振動與性質，甚至保留了你對那件事的敏感程度。

要了解這一點，且看看未來會發生什麼事。五年後，你和女友分手，娶了別人，並且成熟許多。有一天，你和家人開車出遊，玩得很愉快。一棵棵樹、一輛輛車子紛紛經過，然後，出現了一輛淺藍色福特野馬，有兩個人在前座相擁。你的心裡立刻起了變化。實際上，你的心漏跳了一下，然後開始愈跳愈快。你開始覺得鬱悶、煩躁、不安，美好的一天不再。這些內在變化之所以發生，是因爲你的心在你看見一輛特別的車子時被擾亂了。退後一步去檢視這個過程，發現著實驚人。五年前，一件事發生了僅僅片刻。你從來不曾和別人討論過，而如今五年後，一輛淺藍色福特經過，便改變了通過你心與腦的能量流。

雖然看似不可思議，這卻是眞的，而且不只對淺藍色福特爲眞，對無法通過你的每一件事也是。難怪我們會如此不知所措，難怪心會不斷開開關關。儲存在那裡的能量是眞實的，並與當下的一連串念頭與事件互動；數年後，這個互動的動力導致儲存爲業行的振動被啓動。淺藍色福特的例子就是這樣。但要了解，要啓動儲存的能量甚至不必是相同的車子，可能是黑色福特，或是有人在裡頭相擁的任何一輛車。接近的任何事都有激發業行的潛能。

重點是，**過去的印象的確會被激發，即使是很早以前的，而且會影響你的生活。**來自今日事件的感官輸入，挖開你儲存多年的所有素材，恢復了與進來的事件有關的那個過往能量形態。業行被激發時，就像花朵一樣綻放，並開始釋放儲存的能量。突然間，你在原始事件發生時體驗到的一切湧進你的意識裡——想法、感受，有時甚至是氣味與其他感官輸入。業行可以儲存事件的完整快照，遠超過人類創造的任何電腦儲存系統。它可以將你有過的每個感覺、想法，以及圍繞著事件發生的一切都收集歸檔。這所有資訊被存入你心裡的一個微小能量泡中，幾年後它受到刺激，你立刻體驗到以前有過的感覺。事實上，你可能在六十歲時感受到五歲小孩的恐懼與不安。這種狀況就是未完成的心理與情緒能量形態被儲存起來，然後重新被啟動。

不過，了解你接收進來的大多沒被堵住，直接通過你，也同樣重要。想像你一整天看見多少事，它們並沒有全部像那樣被儲存下來。在這些印象中，唯一會被堵住的，是造成問題，或引起某種異常愉快感覺的那些。是的，你也儲存正面印象。**出現美好的經驗時，你因為執著，導致它無法通過**。執著指的是：「我不希望此事消失。他說他愛我，我覺得如此被愛、被保護，希望重新體驗那個時刻，一再重播……」執著創造了正面的業行，而這些業行被激發時，會釋放正面能量。因此，**有兩種經驗可能發生並堵住心，一是嘗試推開令你感到煩惱的能量，一是嘗試保存你喜歡的能量**。在這兩種情況中，你

因此，你有所選擇：你是要試著改變世界，讓你的業行不受擾亂，或者願意走過這個淨化的過程？別根據被激發的堵塞做決定，學著歸於中心，只是看著這個東西浮現。只要你往裡面坐得夠深，停止對抗儲存的能量形態，它們就會經常浮現，並直接通過你。它們會在白天浮現，甚至在你的夢裡也會，你的心會逐漸習慣釋放與淨化的過程。就讓一切發生，做個了結，不要一個一個處理，那太慢了。待在儲存的能量形態後面，保持歸於中心，並放開它們。就像肉體清除細菌與其他外來物質一樣，你能量的自然流動會從你心中清除那些儲存的能量形態。

你得到的是永遠開放的心，不再有閥門。你活在愛中，愛滋養你，並令你茁壯。那是一顆開放的心，是原本就該是的心之樂器。讓自己去感受心演奏的每個音符。如果放鬆自己，心的淨化會是件很美妙的事。把眼光放在你能想像的最高狀態，別移開。如果失足了，重新爬起來就好，沒有關係。你想要走過這個釋放能量流的過程，這樣的事實意味著你很偉大。你一定做得到，只要持續放下就好。

7 保護自己，永遠無法自由

西方科學的發現大幅強化了靈性成長與個人覺醒的基礎。科學已經告訴我們，潛在的能量場如何形成原子，然後結合成分子，最後顯化爲整個物質宇宙。我們的內在同樣如此。一切內在活動也是以潛在能量場爲基礎，正是這個場中的運動創造了我們的心理與情緒模式，以及內在的欲求、衝動與直覺反應。無論怎麼稱呼這個內在力場——氣、夏克提或聖靈——它都是以特定模式流遍你內在生命的潛在能量。

觀察你自己與其他生物內在的這些模式時，不難發現最原始的能量流，是生存本能。在漫長的演化過程中，從最簡單的生命形式到最複雜的，始終存在著爲了保護自己而進行的日常搏鬥。在我們高度演化的合作社會架構中，這個生存本能經歷了漸進式的改變。多數人不再缺乏食物、水、衣服與住處，也不再經常面對威脅生命的身體危難，因此，保護能量轉而在心理而非生理上保衛個人。現在，我們每天經歷的需求是保護自我概念，而非保護身體，結果主要的搏鬥對象是自己內在的恐懼、不安與毀滅性行爲模式，而不是外力。

然而，讓鹿逃跑的衝動也會促使你逃跑。假設有人對你扯開嗓門或談論令人不舒服的話題，雖然都不是對身體造成威脅的狀況，你的心仍會稍微加速跳動。這正是鹿聽到突發聲響時的反應——心開始愈跳愈快，然後不是僵住就是逃跑。但對你而言，讓你逃開的通常不是這種恐懼，而是一種要求獲得保護的深層、個人的恐懼。

由於像鹿一樣跑進森林躲藏不為社會所接受，你便躲進內在，退縮、封閉，退回你的保護盾後面，這樣做其實是在關閉能量中心。即使不知道自己有能量中心，你從幼稚園起便已經開始關閉它們。你完全知道如何關閉自己的心，豎起心理上的保護盾；你完全知道如何關閉能量中心，以免自己太過接受流進來並引發恐懼的不同能量，而受到傷害。

當你關閉並保護自己時，是在武裝你脆弱的部分。即使沒有發生人身攻擊，那個部分仍然覺得它需要保護。你是在保護你的自我，你的自我概念。雖然並未出現身體有危險的情況，但那個部分可能會導致你體驗到混亂、恐懼、不安，以及其他情緒問題，你因此覺得需要保護自己。

問題是，你陷入混亂的那個部分是失去平衡的。它十分敏感，很小的事情就會造成過度反應。你住在一個於太空中運行的行星上，結果，你不是在擔心傷疤或新車的刮痕，就是擔心在大庭廣眾下打嗝。這樣是不健康的。若你的身體如此敏感，你一定會說你生病了，這個社會卻認爲心理上的敏感是正常的。因爲我們多數人不必擔心食物、衣服或住處，才有餘裕擔心褲子的污點、笑得太大聲或說錯話；因爲我們已經發展出這個過於敏感的精神，才會不斷用我們的能量去封鎖它並保護自己。然而，這個過程只會遮掩問題，無法解決。你把疾病鎖在你裡面，只會變得更糟。

成長到某個階段你便會了解，**如果保護自己，永遠無法自由**。就是這麼簡單。你因爲害怕而把自己關在屋裡，並拉下所有的窗簾。現在很暗，你想感受陽光，卻做不到。那是不可能的。如果你封閉起來以保護自己，就是把這個害怕不安的人鎖在你心裡。那樣你永遠無法自由。

最終，如果你完美地保護了自己，永遠無法成長，所有的習慣與癖好都會維持不變。人在保護自己儲存起來的問題時，生命變得停滯不前。人們這樣說：「你知道，我們不在你父親附近談論那個話題。」總是會有這類關於外在世界不應該發生某些事的規則，因爲可能造成內在混亂。這樣的生活幾乎不會有對生命的那種自發性的喜悅、熱情與興奮。多數人只會日復一日保護自己，確保事情不出大錯。一日將盡時，有人問起：「你今天過得怎樣？」通常的回答是「還不錯」或「死不了」，那訴說了什麼樣的人生觀呢？這樣的回答是將生活視爲威脅，好日子代表你未受傷害地過了一天。以這種方式活得愈久，你會變得愈封閉。

如果眞的希望成長，就必須反其道而行。眞正的靈性成長發生於內在只有一個你時。沒有一個部分在害怕，而另一個部分在保護那個害怕的部分，各個部分合而爲一。因爲沒有任何一個部分是你不願意看見的，頭腦不再分裂成意識與潛意識。你看見的內在的每件事，都只是你看見的內在的某件事。那不是你，而是你看見的事。那只是純粹的能量在你裡面湧流，創造了思想與情緒的漣漪，而意識正在覺知它。那只是你正看著精神跳舞。

爲了達到這個覺知狀態，你必須讓整個精神浮出表面，必須准許它每個零散的碎片都通過。現在，精神的許多零碎部分被扣留在你裡面，若你想要自由，就必須將它完全暴露在你的覺知之下，然後釋放。但如果封閉自己，精神永遠無法被暴露出來，畢竟封閉的目的是要確保精神的敏感部分不會外露。因此，無論暴露會造成多大的痛苦，你都堅持到底，願意爲了自由付出代價。當你不再願意認同你那個把自己分裂成無數碎片的部分時，便已經爲眞正的成長做好準備。

就從看見你保護與捍衛自己的傾向開始。你天生有個想要封閉的傾向，尤其是圍繞著你的弱點，但最終你會察覺，封閉製造出大量工作。一旦封閉起來，你就必須確定你保護的對象不受擾亂，然後餘生都得貫徹這項工作。或者，你可以讓自己足夠有意識，只是看著你那個經常試圖保護自己的部分，然後決定不再那樣做，而是擺脫那個部分。這是你給自己最棒的禮物。

從觀察生活，並注意到每天都有一連串影響你的人與事開始。你有多常發現自己試圖保護與捍衛那個脆弱的部分？你覺得這個世界似乎衝著它來，無論走到哪裡，都有某個人或某件事企圖擾亂你、激怒你。爲什麼不讓那些人或事這樣做？如果你眞的不想要，就別保護它。

不保護你的精神，得到的是解脫，可以心無罣礙，自由地走遍這個世界，單純興味盎然地體驗接下來發生的一切。因爲擺脫了你那個恐懼的部分，你永遠不必再擔心受到傷害或擾亂。你再也不必聽從「他們會怎麼看我？」或「天啊，眞希望我沒那樣說，聽起來好蠢」這樣的話，只管繼續做自己的事，全然投入正在發生的一切之中，而不是投入你個人的敏感性裡。

一旦承諾要擺脫內在那個恐懼的人，你會注意到有個清楚的決定點，你的成長就發生於此。靈性成長就是關於你開始感受到能量改變的那個時間點。例如，有人說了某件事，你開始覺得內在能量變得有點奇怪。事實上，你會開始感覺緊繃。那是成長時機到了的信號。這不是保護自己的時候，因爲你不想要你正在保護的那個部分。如果不要，就放掉。

最後你會變得夠有意識，一看見能量開始變得奇怪，你就停止，停止涉入那能量之中。如果它通常讓你說話，就停止說話，直接停止，中斷語句，因爲你知道繼續下去會如何發展。一看見內在能量失衡，一看見心開始緊繃並進入防衛狀態，你就停止。

所謂「停止」究竟是什麼意思？這是你於內在做的事，稱爲放下。放下時，你是落到試圖把你拉進去的能量後面。內在的能量非常強大，會把你的覺知拉進去。如果一把鐵鎚掉在你的腳趾上，你所有的覺知都會集中在那裡；同樣地，如果突然有巨響，所有的覺知也會集中在那裡。意識有專注於混亂的傾向，內在混亂的能量亦不例外。這些混亂的能量會把你的意識拉過去，但你不必讓這種事發生。你眞的有能力擺脫，並落到它們後面。

內在能量開始移動時，你不必跟著走。例如，念頭浮現時，不必隨之起舞。假設你在外面散步，有輛車子經過，你心想：「哇，眞希望我有那種車。」你大可繼續散步，結果卻變得心煩意亂。想要一輛像那樣的車子，但薪水不夠高，於是你開始想著如何提高收入或換工作。你不必這樣，事情可以只是如此——一輛車子來了，然後走了；一個念頭浮現了，然後走了。兩者一起消失，因爲你不隨之起舞。這就是所謂的歸於中心。

如果不歸於中心，意識會跟著吸引它注意的任何事物走。看見一輛車子經過，你的心思就飄開去做點什麼；改天看見一艘遊艇，你又滿腦子都是遊艇，忘了車子的事。有些人就像這樣，工作上不盡忠職守，人際關係也沒處理好，只是像無頭蒼蠅一樣到處亂竄，因此能量非常分散。

你有能力完全不隨著這些念頭起舞。你可以只是坐在意識所在之處，然後放下。一個念頭或情緒生起，你注意到，然後它就這麼經過，因爲你讓它走。這個讓自己自由的技巧，是藉由了解念頭與情緒只是意識的對象而得以達成。看見心開始焦慮時，你顯然覺知這個體驗，但誰在覺知？是意識，是內在的存有，是靈魂，是自性。它是觀察者。你體驗到的內在能量流變化，只是這個意識的對象。如果想要自由，那麼每次感受到能量流中的任何變化時，就在它後面放鬆下來。別對抗它，別試圖改變它，也別評判它。不要說：「哦，我無法相信我還有這種感覺。我答應自己不再去想那輛車了。」別這麼做，否則到頭來你只會從滿腦子想著車變成滿腦子都是罪惡感。你必須統統放下。

然而，這不只是關於放下念頭與情緒而已，實際上是要放下能量本身施加於你意識的拉力。混亂的能量試圖把你的注意力拉進去，如果你運用意志力不跟著走，而只是繼續坐在自己裡面，你會注意到意識與意識對象之間的差別如同黑夜與白天，兩者是完全不同的事。對象來了又去，意識則看著它來去，然後下一個對象來了又去，而意識依然看著。那兩個對象來了又去，但意識哪裡也沒去，保持不動，只是看著這一切。意識經歷念頭與情緒的創造，清楚看見它們來自哪裡。意識看著這一切，沒有去想；它看見內在發生的事，就像看見外在發生的事一樣輕鬆。它就只是觀察著。自性看著內在能量隨著內在與外在力量改變，它觀看的所有能量都只是來了又去，除非你失去意識中心，跟著它們走。

我們來做個慢動作的檢視，看看如果跟著這些能量走會發生什麼事。首先，你開始有一個念頭或感覺，這個感覺可能像能量流開始緊繃並進入防衛狀態那樣隱約，或者更爲強烈。如果這些能量抓住你的意識，覺知的所有力量都集中其上，這股力量事實上會滋養它們。意識是極強大的力量，當你專注於這些念頭與情緒時，會讓它們充滿能量與力量。因此，你把愈多注意力放在念頭與情緒上，它們就變得愈強大。假設你感受到些許嫉妒或些許恐懼，如果把注意力放在上面，這個情緒的重要性就會提升，並需要你更多的關注。然後，因爲你以注意力滋養它，它就被注入更多能量，並引來更多的注意力。

循環就此展開。最後，原本只是一個通過的念頭或情緒，卻可能成爲你整個生命的中心。如果不放下，可能完全失控。

明智的人會保持歸於中心，每當能量轉變爲防衛模式時就放下。能量一移動且你感覺到意識開始被拉進去時，就放鬆並放下。放下意味著落在能量後面，而非進入。決定不要被拉進去只需要一瞬間有意識的努力，你就是放下。這其實只是冒著「放下比跟著能量走要好」的一點風險，當你擺脫能量對你的控制時，就能自由感受內在的喜悅與開闊。

因此，你決定善用生命讓自己解脫，願意爲了靈魂的自由付出任何代價。而你會了解，你唯一必須付出的代價，是放下自己。只有你能拿走你的內在自由，或是把它給你自己，別人做不到。除非下定決心說這是你的事，否則別人怎麼做都沒用。就從小事開始。我們很容易被每天發生的無謂瑣事煩擾，例如等紅燈時有人對你按喇叭。當這些小事發生時，你會覺得能量改變了。一感受到變化，就放鬆肩膀，放鬆心的周遭區域。能量一移動，你就是放鬆、放下。以遊戲的心情放下，並落在被煩擾的感覺後面。假設有個同事拿走你的鉛筆，而你注意到每次拿另一枝筆時，你的內在能量都會有所改變，即使幅度微不足道。你願意放開舊鉛筆，讓自己自由嗎？這就是讓自由變成一種遊戲的方式。你不受煩擾，而是走向自由。當你伸手拿鉛筆，發現自己有點生氣時，請放下。你的頭腦也許會開始說：「今天是鉛筆，如果我放下，他們會得寸進尺，明天可能就是我的桌子、房子，甚至我的丈夫。」這是頭腦的說話方式，很像肥皀劇。但是，你決定如果是一枝鉛筆的代價，就玩一玩。你告訴自己的頭腦：「如果是車子還得討論一下，現在只要一枝鉛筆的代價就能獲得自由。」你就是下定決心無論頭腦說什麼，都不涉入其中。你不對抗頭腦；事實上，你甚至不嘗試改變它，只是在面對它的肥皀劇時，玩一個放鬆的遊戲，只是學著放開被拉進能量裡的習性。根本原因在於，意識覺知這些能量的拉扯。

你會發現，能量確實有把你拉進去的力量。即使你曾下定決心不讓此事發生，能量對你仍有巨大的影響力。這種狀況會發生在職場，發生在家裡，發生在與小孩相處時，發生在夫妻之間。無論碰到什麼事、什麼人，它一直都在發生。因此，你成長的機會是無限的，始終在你面前，你只要承諾別讓能量把你拉進去。當你感覺到拉力，好像有人在拉扯你的心時，只要放下就好，落於其後，放鬆、放下。被拉扯多少次，就放鬆和放下多少次。因爲被拉進去的習性是持續不斷的，放下與落在後面的意願也必須持續不斷。

你的意識中心永遠比拉扯它的能量強大，你要做的只是願意運用意志力。但是，那並非對抗或搏鬥，你不是在試圖阻止能量由內在生起。感覺到恐懼、嫉妒或吸引的能量沒有什麼錯，這些能量存在不是你的過失。所有的吸引、排斥、思想與感覺都是一樣的，它們不會使你變得純淨或不純淨，它們不是你。你是那個正在觀察的，亦即純意識。別以爲只要沒有這些感覺，你就會自由。這不是眞的。如果你即使有這些感覺仍然可以自由，那才是眞正的自由——因爲總是會有事情發生。

若你能學會在較小的事情上歸於中心，你會發現碰到較大的事情你也可以，而且假以時日，甚至面對眞正很大的事也沒問題。過去會摧毀你的各種事件，都可以來了又去，而你全然歸於中心、全然平靜。就算面對深刻的傷逝之感，你內在深處仍然安好。只要你是放開能量，而非壓抑它，那麼平靜與歸於中心沒什麼錯。最後，即使發生可怕的事，你應該也能不帶情緒創傷與印象地過日子。如果不要抓著內在這些問題不放，你就可以在心理不受傷害的情況下，過你的生活。無論生命中發生什麼樣的事，放下總是比封閉好。

你內在深處有個地方，意識與能量在那裡觸及彼此。那就是你下功夫之處。你在那裡放下，而一旦放下，時時刻刻、日日夜夜、年復一年，那麼，那就是你生活的地方。沒有任何事可以奪走你意識所在之處，你學會待在那裡。而經年累月投入這個過程，並學會無論痛苦多深都能放下之後，你會達到一個偉大的境界。你將打破最後的習慣：低層自我的不斷拉扯。那時，你就能自由地探索你的眞實存有的本質與源頭——純意識。

第 3 部
讓自己自由

當你自在地讓痛苦通過你時，就會自由。
這個世界永遠無法再次煩擾你，因為它能做的最糟糕的事，
便是擊中儲存在你裡面的痛苦。
如果你不在乎、不再害怕自己，你便是自由的。

8 放下，才能終結負面循環

探索自性與生命的開展是緊密交織的。生命的自然起伏可能讓一個人成長，或是引發恐懼，哪一個會居於支配地位，完全取決於我們如何看待變化。變化可能令人興奮或害怕，但不管我們如何看待都必須承認：變化是生命的本質。如果你有許多恐懼，就不會喜歡變化。你會試圖爲自己創造一個可預期、可控制與可定義的世界，一個不會激發恐懼的世界。恐懼不想感覺到它自己；事實上，它害怕自己。因此，你利用頭腦，企圖操控人生，以免感受到恐懼。

人們不了解，恐懼是一樣事物，只是宇宙中另一個你能夠體驗到的對象。**面對恐懼，可以有兩種做法：一是承認你有恐懼，並努力釋放它；一是留著它，並試圖躲開**。人們因爲沒有客觀地處理恐懼，所以不了解它，結果一直保有恐懼，並試圖不讓會激發它的事情發生，終其一生都企圖藉由定義生活必須是什麼模樣他們才覺得沒問題，來創造安全感與控制權。這個世界就是因此變得令人害怕。

這聽起來也許並不可怕，甚至可能很安全，但其實不然。如果你這麼做，這個世界眞的會變得有威脅性，生命成爲「我對抗它」的狀況。當你內在有恐懼、不安或脆弱之處，並企圖不讓它受到刺激時，生命中無可避免會有些事件與變化來挑戰你的企圖。因爲抗拒這些變化，你覺得自己是在和生活搏鬥。你覺得這個人沒有做他該做的事，這件事沒有照你希望的方式發展；你把過去發生的狀況視爲困擾，把未來的事當作潛在的問題；你定義了你所謂的喜歡與討厭、好與壞，因爲你早已界定事情必須是什麼樣子，你才會覺得沒問題。

我們都知道自己這麼做，卻沒人質疑。我們認爲應該弄清楚生命該有的模樣，然後讓它變成那個樣子。只有看得更深並質疑生命事件爲什麼必須呈現特定樣貌的人，才會質疑這個假設。我們爲什麼會認爲生命現在或未來的模樣有問題？是誰說生命自然開展的方式不好的？

答案是：恐懼說的。你內在那個對自己不滿的部分無法面對生命的自然開展，因爲那不是你能控制的。如果生命以會激發你內在問題的方式開展，按照定義，那就是不好的。眞的很簡單：不會擾亂你的就是好的，會擾亂你的就不好。我們基於自己的內在問題，去定義全範圍的外在經驗。若想要在靈性上成長，就必須改變這一點。如果你根據自己最混亂的部分去定義萬物，還能對萬物有什麼期待？那看起來就會像是令人討厭的一團糟。

隨著你在靈性上成長，你會了解到，**企圖保護自己避開問題，其實反而製造了更多問題**。如果試圖安排人、地、事、物，好讓它們不會擾亂你，你會開始覺得生命似乎和你對立。你會覺得生命是一場搏鬥，每天都很沉重，因爲你必須控制並對抗一切事物。會有競爭、嫉妒與恐懼，你會感覺任何人在任何時刻都可能擾亂你。他們只需要說或做一件事，接下來你的內在就被擾亂了。這讓生命變成一種威脅，所以才必須擔心那麼多，頭腦裡面才會出現那麼多對話。你不是試圖防止事情發生，就是在眞的發生後設法善後。你對抗萬物，使得萬物本身變成你生命中最可怕的東西。

另一種做法是決定不與生命對抗，了解並接受生命非你所能控制。生命一直在改變，如果你試圖控制，永遠無法完全活出生命。你無法活出生命，反而會害怕生命。然而，一旦決定不與生命對抗，就必須面對造成對抗的恐懼。幸運的是，你無須把這份恐懼保留在你之內。沒有恐懼的生活確實存在，爲了說明這個可能性，首先得深入了解恐懼本身。

內在有恐懼時，生命中的種種事件一定會刺激到它。就像投石入水一樣，不斷變化的世界在你裡面握住不放的任何事物中激起陣陣漣漪。這沒有什麼問題，**生命創造了把你逼到邊緣的情境，只是為了移除你內在的堵塞**。堵塞並埋藏在你裡面的事物形成恐懼的根源，恐懼是你能量流中的堵塞造成的。當你的能量被堵住時，就無法生起並滋養你的心，心因此變虛弱；而你的心虛弱時，便很容易被低頻振動影響，其中之一就是恐懼。恐懼是所有問題的起因，是偏見與憤怒、嫉妒、占有欲等負面情緒的根源。如果沒有恐懼，你就能活得極其快樂，沒有什麼會煩擾你，你願意面對每件事、每個人，因爲你內在不會有令你不安的恐懼。

靈性進化的目的，是去除造成恐懼的堵塞。你也可以選擇保護你的堵塞物，這樣就不必去感受恐懼，但這麼做就必須試著控制每件事，以避開內在的問題。很難理解決定避開內在問題怎麼會是一件聰明的事，但每個人都這麼做。大家都說：「我會竭盡所能保住我的東西。如果你說了任何擾亂我的話，我會捍衛自己。我會對你大吼大叫，要你收回那句話。如果你讓我的內在騷動不安，我會叫你後悔。」換言之，假如有人做了激發恐懼的事，你便認爲他們做錯了，於是竭盡全力確保他們絕不再犯。你先捍衛自己，然後保護自己，盡一切努力避免自己感到憂慮不安。

最後，你的智慧終於成熟到足以了解，你並不想要內在那個東西。什麼人刺激到它、什麼狀況擊中它、它有沒有道理或公不公平，都無所謂。不幸的是，大多數人沒有那樣的智慧。我們並未試著擺脫內在那個東西，而是努力證明保留它是有道理的。

眞的想要在靈性上成長就會了解，保留那個東西就是讓自己持續受困。最終你會想要走出來，不計任何代價。那時你就會明白，生命其實是在幫你，讓你周遭都是各種刺激成長的人與境遇。你不必決定誰對誰錯，也無須擔心別人的問題，只要願意在面對任何事物時打開自己的心，並允許淨化的過程發生。這麼做的時候，你見到的第一件事，是擊中你那個東西的種種境遇會顯現出來。但事實上，那正是你一生中一直在發生的事，差別只在於**現在你當它是好事，因為這是放下的好機會**。

壓住你的東西會週期性地探出頭來，當它出現時，放下它。你就是允許痛苦在心中生起，然後通過。如果你這麼做，它就會過去。假如你是眞誠地在尋求眞相，每次你都會放下。這是整條道路的開始與結束——「臣服於清空自己的過程」這條路。當你著手此事時，便已開始學習放下過程的微妙法則。

在這遊戲中你很早就會學到一條法則，因爲那是無可逃避的眞理。雖然學得早，你在試著遵守它時卻經常失敗。這條法則非常簡單：**當你內在的東西被擊中時，立刻放下，因為晚了會更難**。探索它或跟它玩，希望能緩和一下，不會讓事情變容易；思考它、談論它，或試著一次放掉一部分，都無濟於事。如果想要從你存在的核心徹底獲得自由，就必須**立刻放下**，因爲晚了不會比較容易。

爲了依循這條法則，必須了解其原理。首先，你必須覺知你內在有需要釋放的東西；接著，你必須意識到，你這個覺察那東西浮現的人，有別於你正在經歷的事物。你在覺察它，但你是誰？這個覺知集中之處，是見證者之位，是自性之位。唯有在這個位置，你才能放下。假設你覺察心裡有東西被擊中，如果你放下並待在覺知之位，你正在覺察的對象會過去；若不放下，反而迷失在浮現的種種混亂感覺與思想中，你會看見一連串事件快速顯現，快到讓你不知是什麼擊中了你。

如果不放下，你會注意到心中被激發的能量變得像磁鐵一樣。這是一股異常強大的吸力，會將你的意識拉入其中，接下來你只知道，你不在那裡了。你不會維持住起初察覺混亂時擁有的那個覺知觀點，你會離開那個看見心開始反應的客觀覺知之位，被捲入來自心的變動能量中。一段時間後，你會回來，並意識到你之前不在那裡，意識到你完全迷失在你內在的東西裡，然後會希望自己不曾說過或做過任何會令你後悔的事。

你會看著鐘，發現已經過了五分鐘，或一小時，甚至一年。你可能失去清明很長一段時間。你去了哪裡？怎麼回來的？我們稍後會談到這些問題，但眞正重要的，是當你清楚看見時，你哪裡也沒去。你只是坐在覺知集中之處，看著你的東西被擊中。**只要你在觀看，就不會迷失其中**。

關鍵在於了解若不立刻放下，被觸發的能量的混亂力量會拉走你的意識焦點。當你的意識沒入混亂中，你便失去了清明的自性之位。這是瞬間發生的。你渾然不覺去了哪裡，就像你因爲太投入書中或電視節目裡而不知身在何處。你完全失去客觀覺知周遭狀況的意識定點，意識離開見證你周圍眾多能量的中心位置，於是你被吸了進去，只聚焦於其中一個能量。

離開自性之位通常並非蓄意，而是引力法則造成的。意識總是被拉到最能讓人轉移注意力的對象上：被撞到的腳趾、巨大的噪音或痛著的心。這樣的法則內外皆適用。意識會去最能轉移它注意力的地方。當我們說「聲音太大，引起我的注意」時，就是這個意思，那聲音把你的意識拉過去了。當堵塞被擊中時，同樣會出現這種引力，然後意識就被拉到不舒服的源頭。於是，那個地方變成你的意識之位。不舒服平息下來並放你走之後，你會自然地回到較高的覺知之位，這是你沒有被混亂轉移注意力時所在之處。這個較高的位置雖然重要，但同樣重要的是看見你被混亂引開注意力時發生了些什麼——你的意識之位往下掉到混亂發生的地方，於是整個世界看起來都不一樣了。

讓我們逐步分析這個墜落。它始於你被往下拉入混亂能量時，最後到了你完全不應該在的地方。你最不想擺放意識之處就是那裡，但意識就是會被拉往該處。現在，你透過混亂的能量向外看時，一切都被你的混亂造成的迷霧扭曲了。原本看起來很美的事物，如今看來變醜了；原本你喜歡的事物，現在看來變得灰暗而令人沮喪。然而，**沒有任何事物真的改變了，一切只是因為你正從那個混亂之位看待生命**。

這些感知上的變化，每一個都應該提醒你放下。開始發現自己不喜歡過去喜歡的人那一刻，開始發現生命看起來全變了樣那一刻，一切開始變得負面那一刻——請放下。你之前就應該放下，但你沒有。麻煩的是，現在做更難。你本來可以在變化開始時吸一口氣，然後放下，現在若想不走完整個循環便重回先前的意識之位，就得認眞地做才行。

循環指的是從你離開相對清明之位那一刻算起，到你回來所花的時間，而這段時間取決於最初造成混亂的能量堵塞所在之處有多深。一旦被觸發，堵塞物就得走完全程、自然發展，若不放下，你會被吸進去，不再自由，被抓住了。一旦從相對清明之位掉下來，你便受制於混亂的能量。如果那個堵塞是被持續進行的狀況激發，你可能會在下面待很久；若恰巧只是短暫事件，且能量因爲堵塞立即消散而釋放，那麼你會發現，你很快就回到上面了。重點是，這並非你所能掌控。你失去控制權了。

這是對墜落的剖析。當你處於這個混亂狀態時，往往會爲了試圖解決問題而採取行動。你看不清楚正在發生什麼事，只希望混亂平息，因此開始下降到生存本能。你也許覺得必須採取激烈手段，也許想要離開伴侶，或搬家，或辭掉工作。頭腦開始說各式各樣的事，因爲它不喜歡這個地方，千方百計想要離開。

既然你已經墜落到那個點，現在菁華來了。想像一下，當你迷失在混亂能量中時，眞的去做你的頭腦要你做的事。如果你眞的辭掉工作，或是決定：「我已經隱忍此事夠久了，我要痛罵他一頓。」想像一下會發生什麼事。你完全不知道往下跨那一步的影響有多大。內在出現混亂是一回事，但是你讓它表現自己那一刻，你讓那個能量移動你的身體那一刻，就已經掉到另一個層次了。現在幾乎不可能放下了。如果你開始對某人狂吼，如果你眞的在這種不清明的狀態下對某人發飆，你就把那個人的心與腦捲入你內在的東西裡了。現在，你們兩人的自我都被捲了進來。一旦表露這些能量，你便會想要捍衛自己的行動，使其看起來很正當，但對方絕不會認爲那是正當行爲。

現在，有更多力量把你留在下面。首先，你落入黑暗中，然後顯化那份黑暗。這麼做時，你其實是在吸收堵塞物的能量，並把它傳遞下去。當你把自己內在的東西倒進這個世界時，就像在用你的東西塗抹世界。你將更多那種能量放進周遭環境中，然後它又回到你身上。現在，你被依照你的方式與你互動的人包圍，那簡直是另一種形式的「環境汙染」，而且會影響你的生命。

負面循環就是這樣發生的。你拿起一片不過是深植在你過往混亂中的東西，把它植入周遭人的心裡。在某個時候，它會回到你身上。你傳出去的任何東西都會傳回來。想像你很生氣，然後把混亂的能量完全釋放給另一個人，會是什麼狀況？人們就是這樣破壞人際關係，摧毀自己的人生。

你可以墜落到多深呢？一旦變虛弱，另一個堵塞就可能被擊中，然後又一個。你可能一路墜落到生命徹底陷入混亂，可能到達完全失去控制、失去中心的地步。在這個狀態中，先前的清明之位也許偶爾會飄過，但你抓不住。現在你迷失了。你是否懷疑心中的一個堵塞被擊中真的可能導致持續一生的墜落嗎？這樣的事有其前例。

假使你只要在一開始就放下，便能避開這一切呢？如果那麼做了，你就會上升，而非墜落。就是這樣。堵塞被擊中時，是好事，那是從內在敞開來並釋放堵塞能量的時機。如果放下，並允許內在的淨化過程發生，那股堵住的能量就會被釋放。當它被釋放，且被允許往上流時，就會變清淨，並重新匯入你的意識中心。此時，這股能量會讓你變強大，而非變虛弱。你開始一直往上，愈來愈高，並學會上升的祕訣：永遠別往下看——

始終要向上看。

無論底下發生什麼事，只管把眼睛朝上，並讓自己的心放鬆。你不必爲了處理黑暗離開自性之位，放手讓它去，黑暗會自行淨化。投入黑暗中並不會驅散黑暗，反而會滋養它。甚至別轉向黑暗。如果看見內在有混亂的能量，沒關係，別以爲你沒有尙待釋放的堵塞。你只要坐在覺知之位，絕對不要離開。無論底下發生什麼事，都打開心，然後放下。你的心會變清淨，而你再也不會經歷另一次墜落。

如果在過程中跌倒了，只要站起來，忘了它。利用教訓來增強你的決心，立刻放下。別找藉口、別責怪、別試圖弄清楚，什麼都不要做，只要立刻放下，並允許能量回到它能達到的最高意識中心。如果覺得羞愧，放下它；如果感到恐懼，放下它。這一切都是最終會被淨化的殘餘堵塞能量。

永遠要在覺知自己沒有放下時就放下。別浪費時間，把能量用在上升。你是偉大的存有，被賦予極佳機會去探索超脫自己之外的一切。整個過程非常令人興奮，你會經歷好時光與壞時光，各種事情都會發生，那是旅行的樂趣。

所以，別墜落。放下，無論什麼都放下。事情愈大，放下的回報愈大，不放下的墜落則愈慘。就是這麼黑白分明，你不是放下，就是不放下，中間眞的沒有任何選擇。因此，讓你所有的堵塞與混亂都成爲旅程的燃料。**把你往下抓的東西，可能變成提升你的強大力量，只要你願意選擇上升。**

9 除去心中的刺

靈性旅程是不斷的轉變。爲了成長，你不能再費力維持不變，必須學習擁抱變化。而需要改變的重要領域之一，是解決個人問題的方式。我們往往企圖藉由保護自己來解決內在的混亂、困擾，而眞正的轉變就從擁抱問題，並視之爲成長動力開始。爲了了解這個過程如何進行，我們來檢視以下的狀況。

想像你的手臂上有根直接觸及神經的刺，碰到時會非常痛。因爲太痛了，這根刺成了嚴重的問題。你難以入睡，因爲會壓到它；你很難靠近人，因爲別人可能會碰到。這根刺讓你的日常生活變得很麻煩，你甚至無法在林中散步，因爲樹枝可能會擦到刺。這根刺是你困擾的根源，而要解決問題，你只有兩個選擇。

第一個選擇是：既然外物碰到刺會令你覺得困擾，就必須確保沒有東西碰到它。第二個選擇是：既然外物碰到刺會令你覺得困擾，就必須把它拔掉。信不信由你，這個選擇將影響你的餘生，是爲你的未來奠定基礎的核心級結構性決定之一。

先來看看第一個選擇，探索它會如何影響你的人生。如果你決定必須避免外物碰到刺，那會成爲一輩子的工作。若你想去林中散步，就必須修剪樹枝，以確保你不會擦到；由於你睡覺時經常翻身，會碰到刺，所以也必須設法解決此事。或許可以設計一個保護裝置。如果眞的投入很多心力，而且你的辦法似乎可行，你會認爲問題已經解決。你會說：「我現在可以睡覺了。你知道嗎？我應該上電視接受表揚。任何被刺困擾的人都可以買到我的保護裝置，我甚至還能從中賺取專利費。」

因此，現在你的整個生活都以這根刺爲中心，並引以爲傲。你持續修剪樹枝，並在晚上穿戴保護裝置上床。但現在有了新的問題——你戀愛了。這是個問題，因爲以你的狀況，連擁抱都很困難。沒有人能碰你，因爲可能會碰到刺。所以，你設計了另一項裝置，可以靠近人而不眞的接觸。最後，你決定你想要完全的機動性，再也不必擔心刺，於是製作了一項全天候裝置，晚上不用解開帶子，也不必在擁抱或從事其他日常活動時換裝。但它很重，因此你爲它裝上輪子，以液壓控制，並設置碰撞感應器。那眞是一項令人印象深刻的裝置。

當然，你必須修改屋子裡的每扇門，好讓保護裝置通過，但至少現在你可以過日子了，可以去工作，可以睡覺，也可以靠近人。因此，你對所有人宣布：「我已經解決問題了。我是自由人，可以去想去的地方，可以做想做的事。這根刺過去一直主宰我的生活，往後再也不會了。」

事實上，這根刺完全主宰你整個生活。它影響一切決定，包括你去哪裡、喜歡和誰在一起，以及誰喜歡和你在一起。它決定你可以去哪裡工作、可以住在怎樣的房子裡，以及晚上可以睡在哪種床上。說到底，這根刺正在主宰你生活的每個面向。

事實證明，保護自己遠離問題的生活，完全反映了問題本身。你沒有解決任何事。**若不解決問題的根本原因，反而企圖保護自己遠離問題，它終將主宰你的生活**，最後你只惦念著問題，而見樹不見林。你自以爲，因爲縮小了問題造成的痛苦，所以已經解決問題了，但是並沒有，你所做的只是投入整個人生去避開問題而已。如今它成了你的世界中心，無所不在。

爲了將刺的比喻運用到你整個人生，我以寂寞爲例。假設你內在有很深的孤寂感，深沉到讓你晚上睡不好、白天很敏感。你內心經常感到劇痛而造成很大的困擾；你很難專注於工作，並且難以應付每天的人際互動；此外，雖然非常寂寞，卻經常很難親近人。瞧！寂寞就像刺一樣，在你生活的各個方面都造成痛苦與困擾。但就人心而言，我們不只有一根刺，對寂寞、對他人的拒絕、對身體外觀、對心智能力，我們都很敏感。我們帶著許多刺走來走去，刺激的部位又剛好位於最敏感的心，這些刺隨時都可能被某樣東西碰到，而造成內心痛苦。

和手臂上的刺一樣，對於這些內在的刺，你也有兩個選擇。當然，拔出那根刺顯然要好很多。既然可以直接將刺去掉就好，沒有理由把一輩子都花在保護那根刺不被碰到。一旦去掉刺，你就眞的擺脫它了。內在的刺也一樣可以拔掉，但假如你選擇保留卻不想被這些刺煩擾，就必須改變你的生活，以避開會刺激它們的種種狀況。如果你很寂寞，就必須避免去情侶常出現的地方；如果害怕遭到拒絕，就必須避免和人太親近。但如果你這麼做，就跟爲了避免手臂上的刺被碰到而修剪林中樹木沒兩樣。你企圖調整生活，去配合你的刺。在前面的例子裡，刺是外在的，現在它們是內在的。

寂寞時，你發現自己在思索該如何排遣寂寞。要說些什麼或做些什麼，才不會讓自己覺得那麼孤獨？請注意，你不是在問如何解決問題，而是問如何保護自己不去感受到寂寞。你的方法不是避開那樣的狀況，就是利用人、地、事作爲保護盾。最後，你會落得像手臂上有刺的人一樣，寂寞將主宰你的整個人生。你會和讓你感覺不那麼寂寞的人結婚，認爲這是理所當然，但那完全和避開刺造成的痛苦而非取出刺一樣。你並未移除寂寞的根源，而只是企圖保護自己不感受到寂寞，萬一伴侶死亡或離開，寂寞會再次煩擾你。當外在狀況無法保護你避開來自內在的事物時，問題就回來了。

如果不去除刺，最後要擔負的除了刺，還有因企圖避開它而牽扯進來的每件事。若你夠幸運，找到有辦法減輕孤寂感的人，你就會開始擔心和對方保持關係。爲了避開問題，反而增加了問題。這就和使用保護裝置彌補刺的缺陷一樣，你必須因之調整自己的生活。允許核心問題留下之際，它便向外擴展爲多重問題。你根本不會想到乾脆拔掉那根刺好了，反之，你看見的唯一解決辦法是試著避免感覺到它。現在你沒有選擇，只能去修正每件會影響到它的事。你必須擔心穿著與談吐，擔心別人怎麼看你，因爲那可能影響你的寂寞感或對愛的渴求。如果有人對你產生好感，減輕了你的寂寞，你便希望自己可以說：「我該怎麼做才能讓你開心？我可以變成你想要的任何模樣，就是不想再感受到長期以來的寂寞。」

你現在多了這個擔心兩人關係的包袱，這創造了一種潛在的緊張與不舒服的體驗，甚至可能影響晚上的睡眠。但事實上，你體驗到的不舒服根本不是寂寞。那個不舒服來自這些永無止境的念頭：「我這麼說對嗎？她/他眞的喜歡我嗎？或者，我只是在欺騙自己？」根本問題現在被埋在這些較淺層的問題底下，而這些問題都只是爲了迴避深層的問題。事情因此變得非常複雜，人們最後是利用親密關係來掩蓋自己的刺。如果你們在乎彼此，就會被期待要調整行爲，以避免碰到彼此的弱點。

大家就是這麼做的，讓內在的刺帶來的恐懼影響行爲，結果限制了自己的生活，就像手臂上有刺的人一樣。歸根結柢，如果內在有困擾，你就必須做選擇：可以往外發展以避免有所感覺，藉此彌補那個困擾的缺陷；或者，你可以直接去除刺，而不把生活的焦點放在上面。

別懷疑你去除內在困擾根本原因的能力，它眞的有可能消失。你可以深入觀察內在，觸及你的存在核心，並決定你不希望你最脆弱的部分主宰你的生活，你想擺脫它。你想要和人說話，是因爲發現他們很有趣，而不是因爲你寂寞；你想要和人建立關係，是因爲你眞的喜歡對方，而不是因爲需要對方喜歡你；你想要愛，是因爲你眞的愛，而不是因爲你需要避開內在的問題。

你如何讓自己自由？在最深的意義上，你藉由找到自己而讓自己自由。你不是你感受到的痛苦，也不是經常焦慮的那個部分。這些困擾和你完全無關，你是察覺這些事的人。因爲你的意識獨立於外並覺知這些事，所以你能讓自己自由。**要讓自己擺脫內在的刺，只須停止和它們廝混**。愈是接觸，愈會刺激它們。因爲你總是努力找事做以避免感覺到這些刺，所以它們沒有機會自然地結束。如果你想要，可以允許困擾出現，然後放下。由於內在的刺只是過去被堵住的能量，因此可以釋放，問題是，你不是完全避開會讓它們釋放的狀況，就是以保護自己之名把它們又往下推回去。

假設你坐在家裡看電視，看得很愉快，直到看見男女主角陷入愛河。突然，你覺得很寂寞，但身旁沒有人關心你。有趣的是，幾分鐘前你還好好的。這個例子顯示刺一直在你心裡，只是還沒被觸發，直到有東西碰到它。你覺得自己的心就像被掏空或陷落了，很不舒服。你忽然感到很脆弱，並開始想到其他幾次被獨自留下的時候、想到曾經傷害你的人。過去積存的能量從心裡釋放，並產生種種念頭。現在，你不是高興地在看電視，而是獨自坐著，陷入思緒與情緒的浪潮中。

想要解決這件事，除了吃東西、打電話給某人，或是做其他緩和情緒的事之外，你還能怎麼做？你可以做的是覺察到你覺察到了。你可以覺察你的意識先前在看電視，如今則在看你內在的肥皂劇。觀看此事的人是你，主體；你看的東西是客體。空虛的感覺是客體，是你感受到的東西。但誰在感覺？你的解脫之道是**去覺察誰在覺察**。真的就是這麼簡單，比帶有軸承、輪子與液壓系統的保護裝置簡單多了，你要做的只是覺察誰在感覺寂寞。那個覺察的人已經自由了。如果想要擺脫這些能量，就必須允許它們通過你，而非掩藏在你裡面。

從小，你的內在便有能量在運行。請覺醒並了悟你在那裡面，而且有個敏感的人在那裡陪你。**單純看著你那個敏感的部分在感覺困擾，看見它感覺嫉妒、有所需、恐懼。**這些感覺只是人類本性的一部分，如果你留意，便會了解它們不是你，而只是你在感覺與體驗的事物。你是住在裡面覺知這一切的存有，如果維持住你的中心，你甚至能學會欣賞與尊敬艱難的經驗。

例如，有些非常美麗的詩與音樂是出自身陷混亂的人。偉大的藝術來自一個人的存在深處，你可以體驗這些非常人性的狀態，而不迷失其中或抗拒。你可以覺察你在覺察，並只是看著寂寞的體驗如何影響你。你的心情改變了嗎？呼吸變緩或加快？當你給寂寞通過所需的空間時，發生了什麼事？成爲一個探索者，去見證寂寞，然後它會消失。如果不投入其中，經驗很快就會通過，然後別的事會浮現。只要去享受這一切。如果可以做到，你就會自由，純能量的世界將在你之內開啓。

愈是坐在自性中，愈能感受到以前從未體驗過的能量。它從你體驗到你的頭腦與情緒之處的後面，而非前面出現。當你不再沉溺於你的肥皀劇，而是舒服地坐在覺知之位時，就會開始感覺到這股能量流從內在深處生起。這股能量流過去被稱爲「夏克提」或「聖靈」，如果你與自性而非內在困擾爲伍，這就是你會開始體驗到的。**不必擺脫寂寞，**

只要停止捲入其中。寂寞和汽車、青草、星辰一樣，只是宇宙中的另一樣事物。它不干你的事，你只要放下，這就是自性做的事。覺知並不對抗，而是釋放。覺知只是單純覺知宇宙中的一切在它面前魚貫通過。

如果坐在自性中，即使心感到脆弱時也會體驗到你內在存有的力量。這就是這條路的本質，是靈性生活的本質。一旦學會泰然面對內在的困擾感受，知道它們再也無法擾亂你的意識之位，你就自由了。你會開始被來自後面的內在能量流支撐著。當你嘗到內在能量流帶來的狂喜時，就可以行走在這個世界中，而這個世界永遠不會碰到你。這就是你成為自由存有的方式——超脫。

10 你有能力讓自己自由

眞正的自由的先決條件，是決定你再也不想受苦。你必須決定要享受生命，壓力、內在痛苦或恐懼都沒有存在的理由。我們每天都背負著不應該背負的包袱：害怕自己不夠好，或者會失敗；覺得不安、焦慮、害羞；害怕別人會批評我們、利用我們，或者不再愛我們。這些事都讓我們承受巨大的壓力。當我們試著打造開放而充滿愛的關係，以及試著成功與表達自己時，內在都背負著一個重擔：對於體驗到痛苦、苦惱或悲傷的恐懼。每一天，我們不是感受到這份恐懼，就是保護自己不去感覺到。這是一股如此核心的影響力，以至於我們甚至不了解它有多普遍。

當佛陀說生命皆苦時，指的就是這個。世人不了解自己承受的苦有多少，因爲他們從未體驗過沒有痛苦是什麼感覺。爲了正確理解這一點，請想像一下如果你或你認識的任何人從來都沒健康過。每個人都一直重病纏身，以至於幾乎離不開病床。在這個世界裡，不能在病床邊做的事根本做不成。如果是這樣，人們不會知道有什麼差異。他們必須用盡所有能量，才能勉強拖著身體前進，因此對健康與活力完全沒有任何概念或認識。

這正是構成精神的頭腦能量與情緒能量碰到的狀況。你內在的各種「敏感」持續讓你在不同程度上受苦，你不是在試圖停止受苦，控制周遭環境以避免痛苦，就是在擔心未來會發生的痛苦。這樣的狀況普遍到讓你看不見，就像魚看不見水。

只有在痛苦變得比平常嚴重時，你才會注意到它。當問題嚴重到開始影響你每天的行爲時，你才承認自己有問題。但其實在日常生活中，你一直都有精神層面的問題。要想看清這點，請比較你與心智和身體之間的關係。在平常的、健康的狀況下，你不會想到身體，只顧著走路、開車、工作與玩樂，而不會把焦點放在身體上。只有在出問題時，你才會想到身體。相形之下，你一直想到你的心理健康。人們不斷想著這樣的事：「如果我身陷窘境怎麼辦？我該說什麼？如果沒準備好，我會很緊張。」那是苦，那種持續而焦慮的內在談話，是苦的一種形式。「我眞的能信任他嗎？如果我暴露自己而遭到利用怎麼辦？我再也不想經歷這種事了。」那是始終必須想到自己而帶來的痛苦。

我們爲什麼始終必須想到自己？爲什麼有這麼多關於「我」的念頭？看看你有多常想著自己做得好不好、喜不喜歡某某東西，以及如何調整這個世界好讓自己開心。你會這樣想，是因爲內在有問題，才會不斷嘗試讓自己感覺變好。如果身體長期不舒服，你會發現自己經常想著要如何保護它、如何讓它好過一點。這正是你的精神碰到的狀況。你頻繁想到心理健康的唯一理由，是因爲長久以來都不舒服。事實上，那裡相當脆弱，幾乎任何事都可能擾亂精神。

想要不再受苦，首先必須了解你的精神有問題；然後必須承認，它不必那樣，而可以是健康的。光是了解你不必忍受或保護你的精神，就是一份禮物了。你不必經常考慮說出的話或別人怎麼想你，如果一直在擔心這些事，那會是怎樣的生活啊？內在敏感是不安康的徵兆，這和身體不舒服時發送疼痛或顯現其他症狀一樣。疼痛不是壞事，那是身體和你對話的方式。吃得太多，就會胃痛；手臂過度操勞，就會開始痛。身體的通用溝通語言是疼痛，精神的通用溝通語言則是恐懼。害羞、嫉妒、不安、焦慮——都是恐懼。

如果虐待動物，牠會很害怕，而你的精神就碰到了這種事：你藉由賦予它一項不可思議的責任，而虐待你的精神。請暫停片刻，看看你對頭腦做了什麼。你對頭腦說：「我希望每個人都喜歡我，不希望有人說我壞話。我希望我所說和所做的每件事能讓所有人接受、開心，不希望任何人傷害我。我不希望發生任何我不喜歡的事，希望所有發生的事都是我真正喜歡的。」接著你說：「現在，頭腦，想想看如何實現這些事，即使必須夜以繼日也要一直想下去。」當然，你的頭腦說：「我正在做，我會持續不斷地做這件事。」

你能想像有人試著那樣做嗎？頭腦必須設法讓你以正確的方式說每件事、做每件事，並且正確地影響每個人；必須確保你做的每件事都被正確地詮釋與看待，且沒有人會做傷害你的事；必須確保你獲得你想要的每樣東西，且永遠不會得到你不想要的。頭腦一直在試著提供如何讓一切都沒問題的建議，才會那麼活躍——你給了它一項不可能的任務。那等於是期望你的身體舉起大樹，以及一跳就躍上山頂。如果你一直試圖讓身體做它做不到的事，它一定會生病。就是這樣的想法擊垮了精神。**身體垮掉的信號是疼痛與虛弱，精神垮掉的信號則是潛在的恐懼與持續不斷的神經質想法。**

在某個時間點，你必須覺醒，並承認內在有問題。只要觀察，你就會發現頭腦不斷在告訴你怎麼做：告訴你到這裡而非那裡、說這個而非那個，告訴你該穿什麼、不該穿什麼。它永不停止。高中的時候不就是這樣？國中與小學的時候不也是這樣？一直都這樣，不是嗎？不斷擔心自己這個舉動，是一種受苦的形式。不過，你該如何解決這個問題？你要怎麼停止？

多數人試圖藉由精通他們一直在玩的相同外在遊戲，來嘗試解決內在問題。如果爲內在問題拍個快照，會發現每個人都有所謂「當時的問題」，這是在任何特定時刻最困擾他們的事。當現在的問題不困擾他們時，下一個就冒上來；那一個也不造成困擾時，再下一個又會冒上來。這就是你的思想所做的：思想傾向聚焦於今日困擾你的事。你的種種念頭都與問題有關：爲什麼困擾你、能怎麼對付它。如果不採取行動，這個狀況會在你的餘生中持續發生。

你會發現，頭腦總是告訴你必須改變外在的某件事，才能解決你的內在問題。但如果你夠明智，就不會玩這個遊戲。你會了解，頭腦給的建議對心理有害。頭腦的種種念頭被恐懼所擾，而在世上所有的建議當中，你最不會想聽的，就是混亂頭腦的建議。頭腦其實在誤導你。假設它告訴你：「如果可以獲得晉升，我就會很好。我會對自己感到滿意，並且重新振作起來。」你覺得這是眞的嗎？獲得晉升之後，你所有的不安是否就此結束，並且餘生都對自己的財務狀況感到滿足呢？當然不是，會發生的只是下一個問題浮上檯面。

一旦看清這一點，你便了解頭腦有嚴重的潛在問題。它所做的，是虛構可能讓事情變好的外在狀況。但外在狀況不是內在問題的原因，只是解決問題的一種嘗試。例如，若你心裡覺得寂寞空虛，不是因爲還沒找到一段特別的關係。那並不會造成問題，那段關係是你解決問題的嘗試。你所做的，是試著看看一段關係能否平息內在的困擾；如果不能，就嘗試別的。

但事實上，外在的改變不會解決你的問題，因爲那沒有處理問題的根源。根本的問題是你內在感覺不到完整。如果沒有正確辨認出根源，就會尋求某人或某事來掩蓋，會躲在金錢、人群、名聲與崇拜後面。如果你嘗試尋找愛你、傾慕你的理想人選，並努力達成，那麼你其實已經失敗了。你並未解決問題，只是把那個人捲入你的問題中，所以人們才會有那麼多人際關係煩惱。一開始是內在的一個問題，而你試圖藉由把別人牽扯進來以解決這個問題。那樣的關係一定會出狀況，因爲你的問題是促成那段關係的原因。一旦你退後一步，並且敢誠實地檢視，其實是很容易看清楚的。

既然已經看過失敗的模樣，接著就來定義成功。精神的成功相當於身體的健康，而成功意味著你再也不必想著你的精神。一個自然健康的身體遇到它可以做的事便直接去做，你永遠不必想著身體；同樣地，你應該永遠不必費心思考如何才會沒事，或如何才能不害怕，或如何才能感覺被愛。你應該不必將人生奉獻給你的精神。

想像一下，如果沒有那些神經質的個人念頭，生命會多有趣。你可以享受事物，可以眞正去認識人，而非需要對方；你可以單純地活著並體驗生命，而非試圖利用人生去解決你內在的問題。你能夠達到那個狀態，永遠不嫌晚。

你現在和精神的關係就像上癮。它不斷要求你，你則奉獻人生去服務這些需求。如果想要自由，你就必須像對待其他任何癮頭一樣去對待你的精神。例如，有毒癮的人可以停止用藥，走過戒毒過程，永不再犯。那也許不容易，卻是辦得到的。精神的癮頭也一樣。你能夠停止聆聽你的精神永無休止的問題這樣的荒謬之舉，可以結束它，可以在早上醒來，期待這一天，而不擔心會發生什麼事。每天的生活可以像度假一樣，工作可以很有趣，家人也可以很有趣，你可以完全享受這一切。那並不表示你沒有全力以赴，你只是**興味盎然地全力以赴**。然後到了晚上睡覺時，你放下一切。你就是不煩躁、不擔憂地過日子；你眞的是在過生活，而非恐懼或對抗它。

你可以過一種完全沒有精神恐懼的生活，只須知道如何做。以抽菸爲例。了解如何戒菸並不難，關鍵字是「戒」，就是停止。用哪種戒菸貼片其實無所謂，說到底，你就是必須停止。戒菸的方法，就是停止把香菸放進嘴裡，其他各種技巧只是你認爲會有幫助的方式而已。但關鍵是，你只須停止把香菸放進嘴裡。如果這麼做，保證可以戒菸。

你用同樣的技巧跳脫心理上的混亂：**只要停止告訴你的頭腦，它的工作是解決你的**

個人問題。這個工作搞垮了頭腦，也攪亂整個精神，創造了恐懼、焦慮與神經官能症。你的頭腦對這個世界幾乎沒有控制權。它既非全知，也非全能；它無法控制天氣與其他自然力量，也無法控制你周遭的人、地、事物。你給了頭腦一項不可能的任務，要求它去操縱這個世界，以解決你個人的內在問題。如果你想要達到健康的存在狀態，就停止要求你的頭腦這麼做。只要解除頭腦的這項任務：確保每個人與每件事都符合你的需求，好讓你內在感覺更好。頭腦無法勝任這個工作，開除它，並放下你的內在問題。

你可以和頭腦有不一樣的關係。每當它開始告訴你，爲了讓這個世界符合你預設的概念，你應該或不應該做什麼時，別聽它的。就像你在嘗試戒菸時，不管頭腦說什麼，都別拿起香菸放進嘴裡。無論是剛吃完晚餐，或是你因爲焦慮而覺得有需要，無論什麼理由——你的手就是不要再碰香菸。同樣地，當頭腦開始告訴你該怎麼做才能讓內在的一切都沒問題時，別相信它。事實上，一旦你對一切都沒問題，一切就會沒問題。那是一切都沒問題的唯一時機。

你要做的只是停止期待頭腦會解決你內在的問題。那是核心，是一切問題的根源。頭腦沒有罪，事實上，它是無辜的。頭腦只是電腦，是工具，可以用來思索偉大的思想、解決科學問題，以及服務人類。然而，在迷失狀態中的你，卻要它花時間爲你很個人的內在問題想出外在解答。你試圖用分析的頭腦保護自己遠離生命的自然開展。

藉由觀察頭腦，你會注意到它忙著讓每件事都沒問題。要有意識地記得，這不是你想做的，然後慢慢讓自己脫離。別對抗它。永遠別對抗你的頭腦，你不可能會贏。它不是現在打敗你，就是等你壓抑它之後再回來打倒你。不要對抗你的頭腦，只要別參與它即可。當你發現頭腦在告訴你，如何調整這個世界與其中的每個人以適應你時，完全別聽。

關鍵是保持安靜——不是頭腦必須安靜，而是你。你這個在裡面觀察神經質頭腦的人只要放鬆，接著就會自然地落在頭腦後面，因爲你一直在那裡。你不是正在思考的頭腦，而是覺知它的人。你是頭腦後面的意識，正在覺知種種念頭。當你停止將整個心與靈魂投入頭腦中，彷彿它是你的救世主與保護者時，你會發現自己正在頭腦後面觀察它。那是你認識你的念頭的方式：在那裡觀察。最後，你將能夠只是安靜地坐在那裡，有意識地觀察頭腦。

一旦達到這個狀態，你頭腦的問題就結束了。當你退回頭腦後面，你——覺知——便未涉入思考的過程中。思考是你觀看頭腦做的事。你只是在那裡，覺知你在覺知。你是居於內在的存有，是意識。那不是你必須思考的事物，你就是它。你可以看著頭腦處於神經質狀態，而不被捲進去。只要這樣做，就能疏通混亂的頭腦。頭腦會運轉，是因爲你把注意力給了它；把注意力收回來，思考的頭腦便會消失。

就從小事開始。例如，有人對你說了你不喜歡聽的話，或者更糟，完全否定你。你正走在路上，看見一個朋友，你向他問好，他卻直接走過去。你不知道他是沒聽到，或者根本就忽視你；不確定他是在生你的氣，或者發生了什麼事。你的頭腦開始滔滔不絕，這正是檢驗事實的好時機！這個行星上有數十億人，其中一個沒向你打招呼，你就受不了？這合理嗎？

利用日常生活中發生的這些小事，讓自己自由。在上面的例子裡，你只要選擇不捲入精神中。那意味著你停止讓頭腦去追究發生什麼事嗎？不，那只代表你已經準備好，願意且能夠看著你的頭腦創造它的小肥皀劇，看著它發出的一切喧鬧聲，包括你有多難過、怎麼有人能那麼做，看著頭腦試圖想出對策，然後單純驚訝於這個事實：只因爲有人沒向你打招呼，你內在就發生了這麼多事。眞的很不可思議。你就是看著頭腦說話，並持續放鬆、放下，落在那些喧鬧聲後面。

持續針對每天發生的小事這麼做，這是你在自己裡面做的非常私密的事。你很快就會發現，頭腦不斷無事生非，逼你發狂。如果不想變成那樣，就不要再把能量投入精神裡。就是這樣而已。若走上這條路，你會採取的唯一行動是放鬆、放下。開始看見這種事在裡面發生時，你就是放鬆肩膀、放鬆心，並落在後面。別碰、別捲入其中，也別嘗試阻止它，只要覺知你正看著它。這便是跳脫出來的方法：你就是放下它。

這段追求自由的旅程，從經常提醒自己觀察精神開始，這會讓你不致迷失其中。因爲沉溺於個人頭腦的癮頭很嚴重，你必須建立一套方法，以提醒自己去觀察。有些很簡單的覺知練習只需要花很短的時間，卻能幫助你在頭腦後面保持歸於中心。每次上車坐進座位時，停一下，花點時間想想你正在太空中一顆轉動的行星上，然後提醒自己，你不會捲入自己的肥皀劇中；換言之，就是放下那時正在發生的事，提醒自己你不想玩頭腦的遊戲。接著，下車前也做同樣的事。如果你眞的想要保持歸於中心，也可以在拿起電話或開門時這麼做。你不必改變任何事，只要在那裡，覺察你在覺察。這就像清點存貨，只要去檢查發生了什麼事——心、頭腦、肩膀等。請在日常生活中設定觸發點，幫助你記得你是誰，以及你內在發生什麼事。

這些練習創造出許多意識集中的時刻，最後，你會擁有持續集中的意識。持續集中的意識是自性所在之處，在這個狀態中，你始終意識到你是有意識的，隨時保持完全覺知。不必努力，不必做任何事，只是在那裡，覺知念頭與情緒正圍繞著你被創造出來，同時這個世界正在你的感官之前開展。

最終，你能量流裡的每個變化，無論是頭腦的擾動或心裡的變動，都會提醒你，你正在後面覺察著。此時，過去把你往下拉的事，成為喚醒你的事。但首先你必須夠安靜，那裡才不會太容易起反應。這些觸發點有助於提醒你保持歸於中心。最後，會變得夠安靜，於是你可以看著心開始反應，並在頭腦也開始之前放下。在旅程中的某個時間點，一切都成為心，而非頭腦。你會發現頭腦跟著心走，心早在頭腦開始說話前便有所反應。當你有意識時，心中的能量變動讓你立刻覺知你在後面覺察著。頭腦甚至沒有機會啓動，因為你在心的層次便放下了。

此刻你正在路上。那些把你困在裡面的事，如今正幫助你脫離。你必須善用所有能量。這條放下的路允許你釋放自身能量，如此你才能釋放自己。在日常生活中，藉由讓自己擺脫精神的束縛，你眞的有能力為靈魂竊取自由。這個自由如此重要，因而被賦予一個特別的名稱——解脫。

11 別把生命耗費在逃避痛苦上

眞正靈性成長與深度個人轉化的必要條件之一，是**與痛苦和平共處**。沒有改變，就不會有擴展或進化，而改變時期並不總是舒服的。改變牽涉到挑戰自己熟悉的事物，並大膽質疑自己對安全、舒適與控制的慣有需求，而這經常被視爲痛苦的經驗。

逐漸熟悉這份痛苦，是你成長的一部分。即使實際上可能不喜歡內在混亂的感覺，但如果想看清那些感覺來自何處，還是必須能夠安靜地坐在裡面，面對它們。一旦可以面對你的混亂，你就會了解，心的核心深處有一層痛苦存在。這份痛苦對個體自我而言，非常令人難受、非常有挑戰性與破壞性，因此你畢生都在逃避它。你發展出各種存在、思考、行動與相信的方式來避開這份痛苦，這種種方式成了你整個性格的基礎。

逃避痛苦會妨礙你探索你超越那層痛苦的部分，因此，**真正的成長發生在你終於決定處理痛苦時**。因爲痛苦位於心的核心，所以會向外輻射，並影響你做的每件事。不過，這個痛苦並非身體當作訊號傳送給你的肉體痛苦。肉體痛苦唯有生理上出問題時才存在，內在痛苦則一直在那裡，藏在一層層的思想與情緒底下。心陷入混亂，例如這個世界不合乎我們的期望時，最能感受到這份痛苦。這是內在的、心理上的痛。

精神是建立在避免這份痛苦上，因此是以害怕痛苦為基礎。精神就是這樣形成的。要了解這一點，可以留意：如果遭拒的感覺對你而言是重大問題，你就會害怕讓你被人拒絕的經驗。那份恐懼會成為你精神的一部分。即使讓你被人拒絕的實際事件並不常見，你卻得一直面對遭拒的恐懼。我們就是這樣創造出一直存在的恐懼。如果你去做逃避痛苦的事，痛苦便會主宰你的人生。你所有的思想與感受都會被恐懼影響。

你會發現，任何以避免痛苦為基礎的行為模式，都會成為通往痛苦本身的途徑。如果你因為害怕被某人拒絕，而帶著贏得對方認同的企圖接近那個人，你就是在冒險。對方只要斜眼瞧你或說錯話，你就會感受到遭拒的痛苦。重點是，由於你是以遭拒的名義接近對方，整個互動過程中，你都會在遭拒的邊緣起伏不定。你體驗到的感覺將以某種方式呼應你行為背後的動機。你的行為與避免痛苦有關，你會在心中感受到那份關連。

心是痛苦產生之處，因此你一整天才會感受到那麼多混亂、不安。心的深處有這個痛苦的核心，你的性格特點與行為模式都與避免這份痛苦有關。你以某種方式維持體重，穿著某些衣服，以某種方式說話，選擇某種髮型，藉此逃避痛苦。你做的每件事，都是為了避免這份痛苦。若想證實這一點，只要看看有人提到你的體重或批評你的衣服時會發生什麼事就行了：你會感到痛苦。每次以避免痛苦的名義做某件事時，那件事就可能連結到你正在逃避的痛苦。

如果不想在核心處面對痛苦，那麼你逃避痛苦的做法最好行得通。假如你把自己藏在忙碌的社交生活中，那麼任何人做的任何一件挑戰你自尊的事，例如沒邀請你參加一次聚會，就會令你感到痛苦。假設你打電話找朋友去看電影，對方說他很忙，有些人就會因此覺得受傷。如果你打電話給對方的理由是爲了避免痛苦，你就會感受到痛苦。假設你走到外面叫你的狗：「小花，過來！」牠卻沒來。如果你叫小花的理由是要餵牠，你會單純放下食物，牠餓了就會來吃；但若你叫小花是因爲心情不好，而小花沒過來，你就會覺得痛苦：「連狗都不喜歡我。」狗沒過來怎麼會令人心痛呢？怎麼會因爲朋友說今天有事無法去看電影而痛苦呢？那樣的事如何引發痛苦？這是因爲你內在深處有尚未處理的痛苦，而你逃避這份痛苦的企圖，創造了一層又一層、與隱藏的痛苦有關的敏感。

讓我們花點時間看看這一層又一層的敏感是如何形成的。爲了避免被拒絕的痛苦，你努力維持友誼。由於你已經知道可能會被拒絕，即使是朋友，你會更加努力避免。爲了成功做到，你必須確定自己做的每件事都能被人接受。這決定了你的穿著與行爲方式。請注意，你不再直接聚焦於遭拒這件事，現在你關心的是你的穿著、走路方式，以及開什麼車。你到了遠離核心痛苦的另一層。如果有人過來對你說：「噢，我以爲你開得起比這輛更好的車。」你就覺得氣惱。那怎麼會導致痛苦呢？有人談論你的車有什麼好大驚小怪的？你必須問自己，在心裡起反應的是什麼？那個感覺是什麼？它爲什麼會出現？人們通常不會問爲什麼，只是試圖避免這種狀況發生。

你必須更深入，去觀察那些被創造出來的層次的動態。核心處是痛苦；然後，爲了避免痛苦，你試圖和朋友熱絡交往，並躲在他們的接納中。這是向外的第一層。接著，爲了確保自己獲得的接納，你嘗試以某種方式呈現自己，好讓自己贏得朋友並影響他人。這是向外的又一層，而每一層都附屬於原始的痛苦，因此簡單的日常互動才會對你有這麼大的影響。如果核心痛苦不是你每天證明自己背後的動機，人家說什麼都不會影響你；但由於你試圖證明自己的理由是爲了避免痛苦，因此發生的每件事都可能帶來痛苦。最後，你變得如此敏感，以致無法不受傷害地活在世上。你甚至無法與人互動或從事其他日常活動而心不受事件影響。仔細觀察便會發現，即使簡單的互動也常會造成某種程度的痛苦、不安或整體失調。

想要與這種狀況拉開一點距離，你得先拓展視野。在清朗的夜晚走出戶外，仰望天空。你正坐在一顆旋轉於虛空中的行星上，雖然你只看得見幾千顆星，但光是銀河系就有幾千億顆星。事實上根據估計，螺旋星系有上兆顆星，而那個星系在我們看來，只像一顆星星，若隱若現。你只是站在一顆繞著一個恆星轉動的小小行星上，從這個觀點來看，你眞的在乎別人對你的衣服或車子有什麼看法嗎？你眞的需要因爲忘記某人的名字而感到尷尬嗎？你怎能讓這些沒有意義的事引發痛苦？如果想跳脫，如果想有個像樣的生活，最好別把人生用來逃避心理痛苦、用來擔心人家是否喜歡你或你的車是否讓人印象深刻。那是怎樣的生活啊？是痛苦的生活。你也許不認爲自己有那麼常感到痛苦，但你眞的是這樣。把生命耗費在逃避痛苦上，意味著痛苦一直緊追著你。任何時候你都可能失足、說錯話，任何時候都可能發生任何事，因此到頭來，你把一輩子都用來逃避痛苦。

一旦向內觀察自己，並開始承認這一點，你就會發現你又回到同樣的兩個基本選擇：一個是把痛苦留在裡面，並持續與外在世界搏鬥；另一個是決定你不想把一生都耗在逃避內在痛苦上，寧可擺脫它。很少人眞的敢像這樣轉向內在，大多數人甚至不了解他們內在有一塊塊需要解決的痛苦。你眞的想帶著內在痛苦，並且必須操縱這個世界以避免感覺到它嗎？如果你的人生不是由那份痛苦主宰，會怎樣？你會是自由的。你可以完全自由地行走在這世上，非常開心，無論發生什麼都很自在。你真的可以過著充滿有趣經驗的生活，而且無論是怎樣的經驗都能充分享受。基本上，你可以就只是過生活，並體驗站在一顆旋轉於虛空中的行星上是什麼感受，一直到死。

想要活在這種層次的自由中，你得學會不害怕內在痛苦與混亂。只要害怕痛苦，你就會試圖保護自己遠離它。恐懼會讓你這麼做。**如果想要自由，只要把內在痛苦視為能量流中的暫時變動就好了。**沒有理由害怕這種經驗。你一定不能害怕被拒絕，或害怕如果生病會有什麼感覺，或害怕某人死掉或別的事出了錯怎麼辦。你不能把人生耗在逃避沒有發生的事，否則每一件事都會變成負面的。到頭來，你只會看見有多少事可能出錯。你知道有多少事可能造成內在痛苦和混亂嗎？可能比天上的星星還多。如果你想要成長並自由地探索生命，就不能把人生耗在逃避可能傷害你的心或頭腦的無數事情上。

你必須往自己的內在看，並決定從今以後痛苦不是問題，只是宇宙中的一樣事物而已。有人可能說了會讓你的心起反應並冒火的話，但之後會過去的。這是一段短暫的經驗。多數人幾乎無法想像與內在混亂和平共處是什麼情形，但如果不學著自在地面對它，你就會把人生都用來逃避。如果感到不安，那只是一種感覺，你處理得了。如果覺得尷尬，那也只是一種感覺，是宇宙的一部分。如果感受到嫉妒且心在燃燒，你就是客觀地觀察它，就像在看輕微的擦傷一樣。那是宇宙中的一樣事物，正在通過你的身體。對它笑，和它玩，但不要怕它。除非你去動它，否則它動不了你。

我們先來檢視一項基本的人類習性，藉以探索這一點。有惱人的東西碰到你的身體時，你往往會直覺地拉開距離，就連聞到難聞的氣味或嘗到不好的味道，你也會這樣做。其實，你的精神也在做同樣的事。被煩人的事碰到時，它的習性是撤退、保護自己，並且帶著不安、嫉妒與我們討論過的其他感受這麼做。基本上，你「封閉」了，而那只是企圖在你的內在能量周圍置放保護盾。這樣做的效應讓你感覺像心內收縮。有人說了令你不愉快的話，你感覺心裡有些騷動，然後你的頭腦開始說：「我不必忍受此事。我會直接走開，並且永遠不再和他說話。他一定會後悔。」你的心企圖從它正在體驗的事撤退並保護自己，以免再次體驗到那種感覺。你這麼做是因爲無法處理正在感受的痛苦，只要你無法處理痛苦，就會藉由封閉來應對，以保護自己。而一旦你封閉起來，頭腦就會在封閉的能量周圍建立一個完整的心理構造物。你的念頭會試圖合理化爲什麼你是對的、別人是錯的，以及你應該怎麼做。

如果你相信這個，它就會成爲你的一部分。痛苦將長期留在裡面，且實際成爲打造你整個人生的一塊基石，影響你未來的反應、想法與喜好。當你藉由抗拒它造成的痛苦來處理某個狀況時，就必須調整你的行爲與想法，以保護自己。你必須這麼做，才不會加劇你內在對這個事件的感覺。最後，你將在封閉區周圍建立一個完整的保護構造。如果你可以清明地看著這件事發生，並了解長期後果，你會想要跳脫這個困境。然而，除非達到願意釋放最初的痛苦而非逃避的地步，否則你永遠無法自由。你必須學習超越那個逃避痛苦的習性。

明智的人不會想要一直受制於對痛苦的恐懼。他們允許這個世界如實呈現，而非害怕它；他們全心參與生活，但不是爲了利用生活來逃避自己。如果生活中發生某件事導致你內在混亂，不要拉開距離，而是讓它像風一樣通過你。畢竟，每天都會發生造成內在混亂的事，任何時候你都可能感受到挫折、憤怒、恐懼、嫉妒、不安或尷尬。如果去觀察，你會發現心試圖推開這一切，但若想要自由，你就必須學會停止抗拒人的這些感覺。

感受到痛苦時，只要把它視爲能量，只要開始把這些內在體驗視爲正通過你的心，並在你的意識之眼前面經過的能量，然後放鬆。做跟收縮與封閉相反的動作：放鬆，放下。放鬆你的心，直到你眞的直接面對疼痛的確切位置。保持開放與接受，這樣你才能存在於緊繃所在之處。你必須願意待在緊繃與痛苦的地方，然後放鬆，並且更深入。這是很深刻的成長與轉化，但你不會想要這麼做。你會極度抗拒這麼做，這就是讓它如此強大的原因。當你放鬆並感受到抗拒時，心會想要拉開距離、想要封閉、想要保護並捍衛自己。請持續放鬆，放鬆你的肩膀，放鬆你的心。放下，讓痛苦有通過你的空間。它只是能量，只要將它視爲能量，然後放下。

如果你封閉痛苦，且不讓它通過，它就會待在你裡面。這就是爲什麼我們天生的抗拒習性會造成不良後果。如果不想要痛苦，爲什麼要封閉它並保留起來？你眞的認爲如果抗拒，它就會消失嗎？並非如此。若你釋放並讓能量通過，它就會消失。當痛苦在心中出現時，假如你放鬆並眞的敢於面對，它就會過去。每一次你放鬆、放下時，就會有一小片痛苦永遠離開；但每當你抗拒、封閉時，內在的痛苦則會增加。這就好像在溪流中築堤壩一樣。於是，你被迫用精神在「經歷痛苦的你」與「痛苦本身」之間創造出一層距離。你腦中的那些喧鬧聲就是這麼來的：企圖逃避積存的痛苦。

如果想要自由，就必須先接受心中有痛苦。你把它儲存在那裡，用盡一切想得到的方法將它保存在內在深處，好讓你永遠不會感覺到。你內在也有巨大的喜悅、美、愛與平靜，但它們在痛苦對面。痛苦的對面是狂喜、是自由，你眞正的偉大隱藏在那一層痛苦的對面。爲了穿越到對面，你必須願意接受痛苦。你只要接受痛苦在那裡，接受你會感覺到它，接受如果你放鬆，它會有出現在你覺知之前的時候，然後它會通過。總是如此。

有時你會注意到，痛苦通過時，內在感覺很熱。事實上，當你放鬆進入痛苦的能量時，可能會覺得心裡極熱，那是痛苦正從你的心被淨化。學著享受那個名爲「瑜伽之火」的燃燒，雖然看起來並不令人愉快，但你將學會享受它，因爲它正在讓你解脫。事實上，痛苦是自由的代價。當你願意付出那個代價時，將不再害怕；當你不害怕痛苦時，就能面對生命的所有狀況，沒有恐懼。

有時你會經歷引發內在強烈痛苦的深刻體驗。如果那份痛苦存在，就會出現；如果你有些許智慧，就會隨它去，不會試圖改變生活去逃避。你就是放鬆，讓它有足夠的空間釋放、燃燒。你不想要這個東西留在心裡。爲了感覺偉大的愛與自由，爲了在你裡面找到神的存在，這份積存的痛苦必須完全消失。就是在這樣的內在工作中，靈性成爲現實。靈性成長存在於你有意識地願意付出自由的代價那一刻。你必須願意無論什麼時候、什麼狀況，都有意識地面對痛苦，並藉由放鬆與保持開放，以你的心去工作。

切記，如果你封閉某樣東西，餘生都會在心理上對那個東西敏感。因爲你將它儲存在你裡面，便會害怕它再次發生；但如果你放鬆而非封閉，它會自行通過你。若你保持開放，內在被堵住的能量就會自然釋放，你再也無須承擔。

這就是靈性工作的核心。當你自在地讓痛苦通過你時，就會自由。這個世界永遠無法再次煩擾你，因爲它能做的最糟糕的事，便是擊中儲存在你裡面的痛苦。如果你不在乎、不再害怕自己，你便是自由的。那時，你會比從前更充滿生氣、更有活力地行遍這個世界，會在更深的層次感受每件事，內在也會開始出現眞正美好的體驗。最後你會了解，這一切恐懼與痛苦後面，有個愛的海洋，那股力量將從內在深處滋養你的心，以此支撐你。假以時日，你會與這股美好的內在力量形成緊密的個人關係，它將取代你現今和內在痛苦與混亂的關係。此時，平靜與愛將主導你的生活。當你超越痛苦的層次，最後就會掙脫精神的束縛，得到自由。

第 4 部
跨越心牆

眞正的自由很近，就在你的牆的另一邊。
開悟是很特別的事，但你其實不該把焦點放在上面，
而應該放在你自製的那些阻絕了光的牆上。

12 拆除思想築成的牆

在你的成長中的某個時間點，內在開始變得比較安靜。當你居於自己內在更深處時，這會很自然地發生。然後你逐漸了解，雖然你一直在那裡，卻完全被對準你意識的思想、情緒與感官輸入的持續轟炸給淹沒了。看見這一點，你開始明白自己也許眞的可以超脫這一切混亂。愈是坐在見證意識之位上愈了解，由於你完全獨立於正在觀察的對象之外，因此一定有辦法掙脫精神對你的覺知施加的魔咒。

這個通往完全自由的內在突破，傳統上稱爲「開悟」，這個詞已經被濫用，且常遭誤解。問題在於，我們對開悟的看法不是建立在個人經驗上，就是奠基於有限的概念性理解。由於多數人從未經歷這個領域，開悟狀態不是完全被蔑視，就是被視爲幾乎無人可及的終極神祕境界。可以篤定地說，對於開悟，多數人能確定的只有一件事：他們不在那裡。

然而，由於了解思想、情緒與感官對象只是從你的意識之前經過，因此可以合理質疑，你的覺知力是否需要被限制在這個經驗中。如果意識將其焦點從你個人的思想、情緒與有限的感官輸入上移開，會怎樣？你會掙脫個人自我的束縛，自由地往更深處探索嗎？而一開始，意識究竟是怎麼變得受限於個人自我的？連企圖思考這些問題都面臨的難題是，這需要討論頭腦的範圍之外還存在著什麼，而在我們習慣使用的心智結構中，要進行那樣的討論顯然很困難。因此，我們將透過寓言，來開始探索不受束縛的狀態。就像柏拉圖在西元前三六〇年以對話的方式述說「洞穴寓言」，我們用一則簡短的故事，來講述一棟特殊房子的寓言。

想像一下，你發現自己身處陽光普照的廣闊原野，那是個光線充足又開闊的美麗場所，美到讓你決定要住在那裡。因此，你買下土地，並在廣大土地的正中央，開始親自設計並建造你的夢想之屋。因爲你希望房子非常堅固耐久，地基打得很堅實，並且用混凝土蓋房子，這樣才不會有腐朽或漏水的問題。爲了讓房子在生態方面無害，你決定設置極少的窗戶，並讓屋頂有許多突出部分。等裝上窗戶、房子完工之後，發現還是有很多熱氣會進入，因此你裝設了高品質的防護遮板，不只能將陽光與熱氣反射回戶外，也能關閉以維護安全。這是一棟很大的房子，可以儲存足夠的物資，讓你完全自給自足。你甚至爲一位不多話的熟人蓋了獨立住處，由此人負責打掃屋子，又不影響你獨處——

獨處是一定的，因爲你浪漫的要求包括沒有電話、收音機、電視機或網路連線。

房子終於完工了，你很興奮能住在那裡。你喜歡原野的開闊、光線及大自然之美，但最重要的是，你迷戀這棟房子。你將心與靈魂投入設計的每個面向，而這房子顯示了——它眞的是「你」。事實上，隨著時間過去，由於迷戀房子，以及對戶外的陌生景象與聲音漸感不安，你開始花更多時間在屋內。然後才發覺，鎖上防護遮板與門之後，房子實際上開始感覺像堡壘，而這對你來說剛好。身爲都市人，完全獨居在人煙罕至的地方很可怕，但你承諾要自己一個人做到。

於是，你逐漸習慣安全地住在房子的範圍之內，快樂地閱讀、寫作，這是你一直渴望做的事。由於能完全控制溫度和溼度，而且你明智地安裝了現代化的全光譜照明系統，住在裡面相當舒適。諷刺的是，你覺得房子如此舒適、充滿樂趣又安全，以至於完全不再想到戶外。畢竟，裡面是熟悉、可預測的，而且在你的控制範圍內，外面則是未知、不可預測的，且完全超出你的掌控。鎖上防護遮板與窗簾時，它們便融合得好像牆上的畫，你甚至從未考慮冒險出去打開它們，這讓你更加覺得這是個內在聖所。防護遮板製作精良，所以不管白天或晚上，只要一關燈，屋裡便一片漆黑。但由於你的習慣是從來不關燈，直到燈泡燒壞，你才察覺這件事。直到此時，你才驚覺自己的困境：沒有適合新照明系統的燈泡可換。這意味著一旦最後的燈光熄滅，你就得在一片漆黑中摸索前進。

從此之後，你擁有的光源只剩下幾根備用蠟燭而已。但由於數量很少，因此你妥善保存。對喜愛光亮的你來說，這實在很辛苦，但這樣的辛苦還不足以迫使你克服離開房子的保護所產生的恐懼。最後，生活在這種黑暗中的壓力，使你的生理與心理健康都亮起紅燈。隨著時間過去，對陽光普照的美麗原野的記憶，逐漸從你的腦海中消失，不再復返。

你變得非常關心讓房子保持光亮，而你所知唯一的光，是你在黑暗中用寶貴的蠟燭創造出來的。待在那裡變得非常寂寞，和一切事物都隔絕了，唯一讓你感到安慰的，是房子提供的那種被保護的感覺。你不再知道你到底在怕什麼，只知道自己一直覺得恐懼、不安，能做的只是試著鎮定下來。因爲缺少燈光，你甚至停止閱讀與寫作。屋裡很暗，你也跟著掉入黑暗中。

然後有一天，和你一樣迫切需要待在房子保護之下的女管家叫你到地下儲藏室。眼前的一切讓你驚訝不已，因爲那裡裝滿了只要搖晃便可充電的緊急手電筒。管家已經弄好了一些，因此地下室非常明亮。這眞是你生命中的一個轉捩點。

你們開始試著在房子的範圍內創造光亮、美與快樂：布置每個房間，並且一起保持燈光明亮，直到就寢。你又開始閱讀、寫作，結果同住的夥伴竟然很喜歡閱讀你的作品。事實上，照亮這房子的不只是人造燈光，愛的火苗已經開始在你們兩人的心中發光。想像一下你們在一起而非分開所能創造的光。你們開始把所有時間花在彼此身上，甚至舉行婚禮。當你們發誓要彼此照顧，並把愛與光帶進家裡時，多美好啊！比起過去生活在黑暗中，這簡直是天堂。

有一天，你偶然在書房翻到一本書，很吸引你，因爲書中談到「外面」存在自然又明亮的光，甚至說到沐浴在那個光裡。但書中的那種光遠超過你所能想像，完全不需要有人做任何事去創造出來。這令你感到困惑，畢竟你所知唯一的光，是來自蠟燭與手電筒的人造光。怎麼可能製造出那麼多光並讓它持續發亮呢？你對書裡提到的東西毫無頭緒，因爲你只能根據現在的生活方式來看事物。你住在房子裡，所以是生活在黑暗中，你住在那裡太久了，以至於你所能體驗到的所有的光，都僅限於屋裡可以創造出來的。你的整個世界，都圍繞著維持你在房子範圍內設法爲自己打造的生活。所有的希望、夢想、人生觀與信念，都是基於身處那個黑暗房屋之內。

你繼續閱讀這本看起來很神祕的書，裡頭提到實際在那種自然光中走動的情形。

據描述，有一種無處不在、自動散發的光在一瞬間照亮每個地方，持續且平均地照在所有事物上。雖然你沒有可以讓你理解此事的參考架構，但這觸動了你內在深處的某樣東西。接著，書中討論到實際走出戶外，亦即超越你為自己創造的那個世界的牆。事實上，這本書說當你執著且迷戀於你為了逃避黑暗而創造出來的世界時，便永遠無法了解超越房屋範圍之外的自然光有多豐富。當你如此依賴你在裡面建造的一切時，如何走到外面？

生活在這棟房子裡的比喻，完全符合我們的困境。我們的意識，我們對存在的覺知，生活在我們內在深處一個人造的絕對封閉區域中。那裡有四面牆、一面地板、一個屋頂，非常堅實，沒有任何自然光進得去。我們唯一獲得的光，是設法自己創造出來的。如果不為自己創造好的狀況，那裡便是漆黑一片。因此，我們每天忙於布置，試著把東西帶進來陪伴我們——希望在自己打造出來、把自己封閉在裡面的房屋中，至少創造一點光明。

畫面是這樣的：你在一棟房子裡，完全與自然光隔絕開來，而房子就坐落在充滿明亮光線的開闊原野中。不過，你的房子是由什麼東西做成的？你的牆又是什麼做成的？怎麼可能隔絕所有光線，把你關在裡面？你的房子是由思想與情緒做成的，牆的構成物則是你的精神。那棟房子就是如此，全都是你過去的經驗，都是你的思想與情緒，都是你從周遭收集來的概念、觀點、看法、信念、希望與夢想。你把它們存放在上下四周。你在腦中整合了一套特定的思想與情緒，然後交織成你生活其中的概念世界。這個心智結構完全阻絕了它牆外的任何自然光。你的思想之牆夠厚夠緊密，讓這個心智結構裡面只有黑暗。你如此著迷於關注你的思想與情緒，以致永遠無法超越它們創造的界限。

若想看看你的牆的限制有多大，只要走向它們即可。假設你有懼高症——你小時候曾摔下梯子，印象一直保留著。那便是你的一道牆。如果你懷疑那是牆，我們就來看你走過它。假設發生了某件事，觸發這些舊有的恐懼感，而你決定直接走向它。你愈靠近，愈有回頭的衝動。你過去收集的東西形成了你直覺想逃避的界限，這很自然，我們就是這麼對待牆的：避免撞上去。但因爲你避免撞上牆，就被鎖在它們的範圍內了。那些牆成爲你的監獄，因爲它們是你覺知的界限。你不願意靠近牆，所以看不到牆的另一邊是什麼。

當你靠近思想與情緒形成的壁壘區時，感覺彷彿走向深淵。你不想接近那個地方。但是，你可以去那裡，而且如果想要出來，你就會去那裡。最後你將了解，黑暗並非眞的存在，眞正存在的是阻絕無限光明的牆——當你在尋找光時，這便是關鍵區別。如果你看見一道牆在保護你遠離無盡黑暗，你就不會想去那裡；但是，如果你看見一道牆阻絕了光，你會想要去那裡把牆拆掉。人們常說，你必須穿越最黑暗的夜，才能迎接無限光明到來，這是因爲所謂的黑暗，其實是光的障礙物。你必須通過這些牆。

通過牆其實不難。每天都有好幾次，自然的生命之流撞上我們的牆，試圖拆掉它，但我們一次次地捍衛。你必須了解，當你捍衛自己時，其實是在捍衛你的牆。那裡沒有別的東西可捍衛，只有你對存在的覺知，以及你蓋來居住、範圍受限的房子。你在捍衛的是你蓋來保護自己的房子，你躲在裡面。如果發生某件事，挑戰了你的精神構成的牆，你就會高度戒備。你建立了一個自我概念，搬到裡面，現在則傾盡所有捍衛那個家。但除了你的思想之牆外，什麼創造了那個內在的家？當你說：「我是個四十五歲的女人，嫁給喬，從這所學校畢業……」那些都是思想。實際情況並未與你一起存在那裡面，除了化爲你執著的念頭之外：「但我是啦啦隊長，而且是高年級班長。」那是三十年前了，那些情況已不復存在，卻存在你裡面，並形成你居住其中的牆。

假使有人挑戰你的自我概念，並在上面打出一個小洞呢？假使有人設法動搖你的精神之屋建立其上的基礎思想之一呢？想像當你二十歲時，若有人告訴你：「等等，他們不是你的父母，你是被收養的。難道他們不曾告訴你嗎？」你一定會堅決否認，直到對方拿出證明文件。那會動搖你的整個內在生命。只要一個念頭出問題，結構就會開始瓦解。只因爲有件事和你以爲的不一樣，你內在便可能出現極大的恐懼與騷動。它動搖你的存在核心，因爲它挑戰了你居住其中的思想之屋。爲了解決這個問題，你開始找理由：「我知道他們都很好，就像我的親生父母一樣，對我視如己出。天啊！他們甚至比我原先想的更特別。」你把那個洞補得很好。我們就是這樣對待牆的：讓它們保持堅實，不允許任何事動搖那些牆。

請注意，你是用思想修補裂開的牆。你用思想去修補思想做成的東西。我們就是這麼做的。就像人們滿懷恐懼地把自己關在陽光普照的原野中的黑暗房子裡，然後拚命創造一些光一樣，我們努力在內在之牆的範圍內，打造一個比內在黑暗好的世界。我們用過往經驗的記憶與對未來的夢想去布置牆；換言之，我們是用思想來布置。但就像屋裡的人有能力走出自製的人造世界，進入美好的自然光裡，你也可以走出思想之屋，進入無限。你的覺知可以擴展到含括廣大的空間，而非僅止於你居住的有限空間。然後，當你回頭看自己建造的小房子時，會很詫異爲什麼過去會住在那裡。

這是你出去的旅程。眞正的自由很近，就在你的牆的另一邊。開悟是很特別的事，但你其實不該把焦點放在上面，而應該放在你自製的那些阻絕了光的牆上。建造擋住光的牆，再努力追求開悟，到底是什麼目的？**只要讓每天的生活拆掉你豎立在自己周圍的牆，就可以出去**；只要不去支撐、維護與捍衛你的堡壘就行了。

想像你的思想之屋矗立在上兆顆星發出的光形成的光之海中。想像你的覺知被困在那棟房子的黑暗裡，每天掙扎著依靠你的有限經驗製造的人造光過活。現在想像牆倒塌了，意識毫不費力地釋放、擴展，進入始終存在的光明之中。現在，爲那個經驗取個名字——開悟。

13 超越你爲自己打造的牢籠

歸根結柢，「超越」這個字捕捉到了靈修的眞正意義。在最基本的意義上，超越意味著越過你現在所處的地方，意味著不停留在你目前的狀態。當你不斷超越自己，便不再有限制，不再有界限。**限制與界限只存在於你停止超越之處**，如果你永不停止，就會超越界限，超越限制，超越一個有限自我的概念。

超越在各個方向都是無限的。將雷射光束瞄準任何方向，都會無窮無盡地持續前進，只有在你創造了一個無法穿越的人造界限時，它才不再是無限的。界限在無限空間中創造出有限的表象。事物看似有限，因爲你的感知碰到心理界限了。事實上，一切事物都是無限的。是你擷取永遠持續前進的東西，然後說從這裡算起一公里。從這裡算起一公里是什麼？只不過是無限的一個片段。沒有限制，只有無限的宇宙。

想要超越，就得持續越過你加在事物上的限制。這需要在你的存在核心做改變。現在你正利用分析的頭腦，將世界拆解成個別的思想物件，然後利用同一個頭腦，把這些分開來的思想以一種彼此之間定義明確的關係拼湊在一起。你這麼做是爲了感受到控制的假象——從你經常試圖讓未知變成已知就能清楚看出來。你對自己說：「明天我休假，絕對不可以下雨。既然珍妮喜歡戶外活動，她一定想和我一起去健行。事實上，如果我想多放一天假，湯姆一定會幫我，畢竟我幫過他一次。」你都想好了，知道每件事應該怎樣才對，即使是未來。你的觀點、意見、偏好、觀念、目標與信念，都在幫助你將無限宇宙簡化爲你自覺可以控制的有限領域。由於分析的頭腦無法處理無限，你創造了可一直固定在頭腦內的有限思想，作爲替代現實。你將整體拆解成片段，然後選擇其中一小撮，在頭腦內以某種方式拼湊在一起。這個頭腦建構的模型遂成了你的現實。現在你必須日夜努力讓這個世界符合你的模型，然後將不符合的每樣事物貼上「不對」「不好」或「不公平」的標籤。

若發生挑戰你看待事物觀點的事，你便對抗、捍衛、找理由。你爲簡單的小事感到挫折與憤怒，因爲你無法讓實際發生的事符合你的現實模型。若想超越你的模型，你就必須冒著不相信它的風險。如果頭腦建構的模型困擾著你，那是因爲它沒有體現事實。你不是選擇抗拒現實，就是選擇超越你模型的限制。

爲了眞正超越你的模型，首先必須了解爲什麼要建立它，而最簡單的方法，是研究模型不適用時會發生什麼事。你是否曾在基於他人行爲或一段關係能否長久不變而設的生命模型上，建立你的整個世界？如果答案是肯定的，你有過那個基礎從你底下被抽掉的經驗嗎？有人離開你、有人死亡、有事出錯，或者有事情徹底動搖你的模型，當這樣的事發生時，你整個自我定位的觀點，包括你與周遭人事物的關係，開始崩解。你十分恐慌，盡全力維繫它；你乞求、對抗，拚命試著別讓你的世界垮掉。

一旦有過這種經驗（大多數人都有），你就會了解自己建立的模型很脆弱。整個東西可能會解體。整個模型，以及它賴以建立的一切，包括你對自己與其他所有事物的完整看法，都可能開始崩潰。這種狀況發生時，你經歷的一切是你生命中非常重要的學習經驗，你直接面對讓你建立這個模型的根源了。體驗到的不安與迷惘很可怕，你只想努力取回某種正常感知的假象，而你正在做的，其實是試圖把頭腦建構的模型拉回身邊，好讓自己平靜下來，進入熟悉的心智環境。

但我們的整個世界不必崩解，我們便能看清自己在那裡做什麼：一直試圖讓它保持完整。如果眞的想看清你做事的理由，就別去做，然後看看會發生什麼事。假設你有菸癮，若決定戒菸，很快就面臨想抽菸的衝動。這些衝動是你抽菸的理由，也是最外層的原因，若能熬過去，你就會看見這些衝動的起因是什麼。如果可以自在面對你看見的事，你就會面對下一層原因，諸如此類，一層接著一層。同樣地，吃得太多、為什麼這樣打扮，也是有原因的。你做每件事都有理由。若想看清你為什麼如此關心自己的穿著與髮型，只要一天別理它就好——早上醒來後蓬頭垢面地出門，看看你內在的能量會怎樣。看看當你不做會讓自己感到舒服自在的事情時，會發生些什麼。你看見的，便是你做這些事的原因。

你一直試圖待在舒適區內，努力讓人、事、地、物都以能支撐你模型的方式呈現。如果開始出現異樣，你就會感到不安，於是頭腦變得活躍，告訴你該如何讓事物回到你需要它們呈現的模樣。某人的行為開始出乎你預料時，你的頭腦便開始說話：「我該如何回應？我不能對他做的事視若無睹。我可以直接面對他，或是請別人去和他談談。」你的頭腦在告訴你要解決這個問題，而你最後怎麼做其實無所謂，重點是回到舒適區內。這個區域是有限的，而所有想待在裡面的企圖，都讓你保持有限。**超越始終意味著，放下讓事物一直待在你明確界限內的努力**。

因此，你可以有兩種生活方式：一種是畢生都致力於待在舒適區內，另一種是努力追求自由。換言之，你可以把一輩子都投入確保每件事都符合你有限模型的過程，或者，你可以一生致力於擺脫你模型的限制。

以逛動物園爲例，可以更清楚地了解這一點。想像你玩得很開心，直到看見老虎被關在一個小籠子裡。這讓你想到，如果餘生都在如此狹隘的限制中生活會怎樣。這個想法嚇壞你了，但事實上，你舒適區的界限就創造了這樣的籠子。這個內在牢籠並非限制你的身體，而是局限你意識的擴展。因爲無法走出舒適區，你其實是被關在限制裡。

檢視這一點便會發現，你因爲害怕而自願待在這個籠子裡。舒適區對你來說是熟悉的，超越它以外的世界則是未知的。要充分體會這一點，只要去想像你這輩子遇過最偏執的人。他是如此驚恐，時時刻刻都認爲有人想傷害他，如果給他那個老虎的籠子，他可能會接受。他不認爲那是被關在籠子裡，反而覺得是在保護他免於受到傷害。對你來說那像監獄，對他而言則像庇護所。假使保全公司來你家把所有門窗都閂上呢？如果那時你剛好在裡面，會感到恐慌、想要離開，或者感謝他們讓你覺得安全？

當精神有所局限時，多數人會有第二種反應。他們想要待在裡面，覺得比較安全。他們不會說：「放我出去！我被關在這個每件事都必須以某種方式呈現的狹小世界裡，必須擔心每個人在做什麼、我看起來怎麼樣，以及我說過的每句話。我想出去。」他們非但不想出去，甚至試圖讓籠子保持牢固。如果某件事令人感到不舒服，他們會盡力保護自己，重新回到安全的感覺。若你曾經這麼做，表示你愛你的籠子。當精神的籠子嘎嘎作響時，你會釘牢它，好讓自己可以舒服地待在裡面。

當你眞的在靈性上覺醒時，會明白自己被囚禁起來了。你醒過來並了解到，你在裡面幾乎動彈不得：經常撞到舒適區的界限；發現自己不敢告訴別人你眞正的想法，並且羞於坦率地表達自己；發現自己必須努力把每件事做到最好，才會覺得沒問題。

爲什麼？其實沒有理由。你親自設立了這些限制，如果不待在裡面，你就會恐懼、就會覺得受到傷害與威脅。那是你的籠子。當老虎撞上柵欄時，便知道牠籠子的界限；當精神開始抗拒時，你便知道你籠子的界限。你的柵欄是你舒適區的外圍邊界，當你來到籠子邊緣，它會毫不含糊地讓你知道。

讓我們用一個例子來看看這個邊緣。從前，如果你想讓狗留在後院，必須裝上籬笆；現在不需要籬笆，因爲每件事都電子化了。你只要將電線埋入地底，然後在狗的脖子套上小項圈。這隻狗心想：「嘿，我自由了！以前得關在籬笆裡呢。這太棒了！」當然，牠會直奔從前不准去的地方，然後，吱的一聲，牠跳了回來，狂吠。發生什麼事了？一條看不見的界線在那裡，狗接近時就施以輕微電擊。那很痛、很不舒服，以致現在每次接近邊界，這隻狗都會很害怕。所以你看，籠子不必看起來像個籠子，可以是一個你對不舒服的恐懼創造出來的牢籠。如果接近你的界限，你便開始覺得不舒服、不安，那就是你籠子的柵欄。只要待在那裡面，你就不可能知道另一邊是什麼。正是這個籠子的界限讓你的世界顯得有限且短暫，而無限與永恆，就在你籠子界限的外面。

超越意味著越過籠子的界限。不應該有籠子。靈魂是無限的，可以自由擴展到任何地方，可以自由體驗生命的全部，而這只有在你願意不帶頭腦畫的邊界去面對現實的時候才會發生。如果你仍有一條一條的界線，且因爲每天都撞到而知道它們是什麼，你必須願意超越，否則就會繼續待在籠子裡。另外請記住，以美好的經驗、珍愛的回憶與偉大的夢想裝飾你的籠子，和超越並不相同。籠子換上其他名字，仍然是籠子。你必須願意超越。

每天從早到晚，你頻頻撞到籠子的邊緣，不是回頭，就是試圖強迫事物改變，好讓你維持舒適感。其實，你是利用頭腦的卓越才華待在籠子裡。你日夜構思與計畫，設法待在舒適區內，有時甚至失眠，因爲你滿腦子都在想該怎麼做才能待在籠子裡。「我該怎麼做才能讓她永遠不離開我？如何才能不讓她對別人感興趣？」你試圖想出確保自己不會撞上籠子邊緣的方法。

回到狗的例子。由於那隻狗從前一向自由漫步，所以牠停止嘗試離開後院那一天，實在是個悲慘的日子，而牠停止嘗試超越牠的小空間的唯一理由，是因爲害怕邊緣。但假使我們面對的是一隻非常勇敢、決心追求自由的狗呢？想像一下，這隻狗並未放棄，就坐在項圈開始震動的那個地方，沒有後退。牠每分鐘都向前挺進一點，以便逐漸習慣電力場，如果持續下去，最後一定可以離開。這是絕對辦得到的。既然那只是人造邊緣，只要牠能學會忍受不適，就可以通過。牠只須準備好、願意，且能夠處理不適。項圈實際上無法傷害牠，只是讓牠不舒服而已。如果願意超越舒適區，牠便能隨心所欲地自由來去。

你的籠子就像這樣。接近邊緣時，你會感到不安、嫉妒、恐懼或害羞，於是便回頭，而且如果你像多數人一樣，就會停止嘗試。當你決定永不停止嘗試時，靈修便開始了。靈修是承諾要超越，不計任何代價。這是一段以餘生時時刻刻都超越自我爲基礎的無盡旅程。如果你眞的在超越，會一直處於界限上，永遠不會回到舒適區內。一個靈性存有會覺得自己好像一直緊靠著那個邊緣，而且不斷被推著通過。

最後你將了解，超越心理界限其實不會傷害你。如果願意站在邊緣，並且持續地走，就會超越。感到不舒服時，過去你一向會回頭，現在你則放鬆，通過那個點。超越只需要這樣，藉由處理現在正發生的事，去超越你一分鐘前所在的位置。

你想要超越嗎？想要感覺沒有邊緣嗎？想像一個舒適區持續擴大，乃至可以輕易延伸到一整天，無論發生什麼事。一天自然開展，頭腦什麼話也沒說，你只是以平靜且完全被啓發的心與這一天互動。如果你的邊緣剛好被撞到，頭腦不會抱怨，它就只是通過。偉大的存有就是這樣生活的。當你像偉大的運動員一樣，接受訓練，在你的邊緣被撞上時立刻放鬆地通過邊緣，那麼一切都會過去。你了解到，你會一直很好。沒有任何事物能煩擾你，除了你的邊緣，而現在你知道該拿它們怎麼辦。最後，你愛上自己的邊緣，因爲它們爲你指出通往自由的路。你要做的只是不斷放鬆，並傾身進入邊緣。然後有一天，完全出乎意料之外，你掉入無限之中。「超越」就是這個意思。

14 愈想安穩，愈容易陷入恐慌

人的精神內部是個非常複雜、精密的地方，充滿各種因內在與外在刺激而不斷變化的衝突力量，這導致各式各樣相對短暫的需求、恐懼與欲望。因爲這樣，很少人清楚了解那裡面發生了什麼。有太多的事情同時發生，以致無法遵從我們所有不同的思想、情緒與能量層次之間的因果關係。結果，我們發現自己努力掙扎，只爲了維繫這一切，但每樣事物不斷在變化——心情、欲望、喜好、厭惡、熱情、毫無生氣等。即使控制與秩序只是假象，但光是要在那裡維持創造這種假象所需的紀律，便已是全天候的任務。

當你迷失並與這些心理與能量上的變化搏鬥時，你是痛苦的。也許比起可能的後果，你不認爲自己正在受苦，但你是痛苦的。事實上，必須維繫一切這樣的責任本身就是一種受苦的形式。最容易察覺這一點的狀況，是外在事物開始崩解時。你的精神陷入混亂，你必須努力維繫內在世界。但你試圖抓住的到底是什麼？那裡面只有你的思想、情緒與能量活動，沒有一樣是實體。它們就像雲一樣，只是在廣大的內在空間穿梭來去，但你一直抓著它們不放，彷彿一致性可以取代穩定性。佛教徒對此有個術語：「執著」。最終，執著便是精神的全部內容。

爲了理解執著，必須先了解誰在執著。當你更深入自己時，會自然地了解到，你的存在有個面向總是在那裡，永不改變——你的覺知力，你的意識。就是這個覺知在覺知你的思想，體驗你情緒的漲落，接收你身體的感覺。這是自性的根本。你不是你的思想，而是在覺知你的思想。你不是你的情緒，而是在感覺你的情緒。你不是你的身體，而是看著鏡中的它，並透過它的眼睛與耳朵體驗這個世界。你是有意識的存有，覺知你在覺知內在與外在的一切事物。

如果去探索意識，亦即你的純覺知力，便會了解它其實並不存在空間中的任一特定點上；更確切地說，它是個覺知場，藉由專注於一組特定對象而集中成一點。你可以覺知單一手指的感受，或者同時覺知全身的感覺；可以完全沉迷於單一念頭中，或者同時覺知你的念頭、情緒、身體與周遭環境。意識是個動態的覺知場，有能力集中或擴展。當意識夠集中時，便會失去較廣大的自我感，不再覺得自己是純意識場，而開始把自己跟聚焦對象連繫起來。如同我們前面看到的，當你全神貫注於電影情節，以致完全沒感覺到自己正坐在寒冷陰暗的戲院中時，就是這種狀況。在這個例子中，你從專注於身體與周遭環境，轉移到專注於電影的世界。你眞的迷失在那個經驗中。這可以套用到你整個生命經驗：你的自我感取決於你將意識聚焦何處。

然而，是什麼決定了你將意識聚焦何處？在最基本的層次，是由吸引你覺知的東西決定的，因爲它最突出。要了解這一點，請想像你的意識正單純觀察著空無一物的廣大內在空間。現在，想像有一連串隨機的思想對象緩緩通過這個空間：一隻貓、一匹馬、一個字、一種顏色或一個抽象的想法。它們零星飄著通過你的覺知。現在，讓一個對象脫穎而出，抓住你的注意力，吸引你覺知的焦點。你立刻了解到，愈聚焦於那個對象，它移動得愈慢。最後，如果你夠聚焦其上，它就停止了。意識的力量最終單憑專注於那個對象，便讓它定下來。就像魚可以通過水，但無法通過冰一樣（冰不過是凝固的水），心理與情緒能量形態碰到集中的意識時，便定住了。這種區分覺知的量、聚焦於特定對象而排除其餘對象的行爲創造了執著，而執著的結果，是選擇性思想與情緒待在一處的時間久到成爲精神的基石。

執著是最原始的行爲之一。因爲其他對象通過時，有些對象留在意識中，你的覺知力便與它們建立更多關係。在持續的內在變化中，你將它們當作創造方向感、關係與安全感的固定點，而這個對方向的需求延伸到外在世界。雖然你執著於內在對象，但你利用它們去定位，並將自己與透過感官進來的眾多物質對象連繫起來。接著，你創造將所有對象繫在一起的思想，並執著於整個結構。實際上，你最終因爲太認同這個內在結構，以致圍繞著它建立你的整個自我感。因爲你的執著，它維持固定不動；而因爲它不動，你便認同於它勝過一切。這是精神的起源。在空無一物的頭腦的擴展中，你藉由執著於通過的對象，打造了一個看似堅實的島嶼。一旦你有個停留下來的思想，腦袋便有了依靠的地方。然後，隨著你執著於愈來愈多思想，你建造了一個讓意識可以聚焦的內在結構。意識愈聚焦於這個心智結構，愈傾向於利用它來定義自我概念。執著創造了磚塊與灰泥，讓我們用來打造概念上的自我。在廣大的內在空間裡，你只用思想的煙霧，便創造出一個看似堅實的結構讓自己依靠。

那個迷失了，然後爲了被找到而試圖建立自我概念的你是誰？這個問題呈現了靈性的本質。在爲了定義自己而建立起來的事物中，你永遠找不到自己。你是建造者。你也許聚集了一堆最驚人的思想與情緒，也許建立了一個眞正美好、不可思議、有趣與動態的結構，但那個結構顯然不是你。你是做這件事的人，是那個因爲將覺知聚焦於自性覺知之外，而迷失、害怕與困惑的人。在這個恐慌中，在這個迷失狀態中，你學會執著並緊緊抓住通過你面前的思想與情緒，利用它們建立讓你可以定義自己的人格、面具、自我概念。覺知讓自己依靠在它所覺知並稱之為家的對象上，你因為有了這個關於你是誰的模型，就比較容易知道如何行動、如何做決定、如何與外在世界連繫起來。如果敢去檢視，你便會發現你一輩子的生活都是以這個你圍繞自己建立起來的模型為基礎。

讓我們說得更具體一點。你試圖在腦中保有一套前後一致的思想與概念，例如「我是女人」，但即使那是你頭腦抱持的一個想法或概念，緊抓住它不放的你卻既非男性也非女性。你是聽見那個想法並在鏡中看見一個女人身體的覺知。然而，你非常執著於這些概念，想著：「我是女人，XX歲，相信某種哲學。」你眞的是依據自己相信的事物定義自己：「我相信神，或我不相信神。我相信和平與非暴力，或我相信適者生存。我相信資本主義，或我相信新社會主義。」你採納腦中的一套思想，緊抓住不放，根據它們做出一個高度複雜的關係架構，然後把那包東西當作你。但那不是你，只是你為了試圖定義自己而拉到你周圍的思想。你是因為於內在迷失了，才會這麼做。

基本上，你試圖於內在創造穩定與穩固的感覺，這產生了一種虛假但令人愉悅的安全感。你也希望周遭的人做同樣的事，希望人們夠穩定，這樣才能預測他們的行為，否則你會覺得困擾、不安，因為你已將自己對他人行為的預測當作內在模型的一部分。這個由關於外在世界的信念與概念形成的保護盾，擔任你與他人互動時和對方之間的絕緣體。因爲對別人的行爲有了預先形成的概念，你覺得比較安全、比較有掌控力。想像一下，如果讓整座牆倒下來，你會有多恐懼。你會允許什麼人在沒有心理緩衝的保護下，直入你眞正的內在自我嗎？一個都沒有，連你自己也沒進去過。

人們只是製造種種表象而已，甚至承認某個表象比另一個更眞實一點。你去工作，迷失在自己的職業表象中，但接著你說：「我要回家和家人朋友在一起，在那裡我才可以做自己。」因此你的工作表象退到幕後，換成你放鬆的社交表象上場。但那個維繫表象的你呢？沒有人接近過那個人，那太可怕了。那個人在太裡面了，遙不可及。

所以，我們都在執著，然後建造，其中有些人比其他人更擅長此道。在多數社會中，愈擅長執著與建造，愈會有好的回報。如果你徹底落實那個模型，並且一以貫之，就眞的「創造」了某個人。若你創造的那個人是其他人想要與需要的，你就可能大受歡迎與成功。你就是那個人，它從你很小的時候便深入扎根，而你從未偏離。你可能會變得眞的很擅長這個創造某個人的遊戲，而且如果創造出來的人沒有獲得你預期的歡迎與成功，你便會相應地調整思想。這種做法沒什麼錯，每個人顯然都這麼做，但正在這麼做的那個你是誰，又爲什麼要這麼做？

了解下面這一點很重要：你會執著於什麼思想、創造什麼樣的人，都不是你單方面能決定的。社會對此有很大的發言權。幾乎每件事都有可接受與不可接受的社會行爲——如何坐、如何行走、如何說話、如何穿著、對事物有什麼感覺。我們的社會是如何讓這些心智與情緒結構在我們內在根深柢固的呢？當你做得好時，就會獲得擁抱與表揚作爲獎賞；做得不好，則會在身體、心理或情緒上受到懲罰。

只要想想當他人的行爲符合你的期望時，你對他們有多好；再想想他們的行爲不如你預期時，你又是如何地封閉起來、退縮遠離對方，更別說生氣，甚至暴力相向了。你在做什麼？你試圖藉由在對方腦中留下印象而改變他們的行爲。你正企圖改變他們整體的信念、思想與情緒，好讓他們下次能依你預期的方式行動。事實上，我們每天都在對彼此做這樣的事。

爲什麼讓這種事發生在我們身上？爲什麼那麼在乎別人是否接受我們的表象？一切都可歸結到了解我們爲什麼執著於自我概念，若停止執著，你會看見爲何會有執著的習性。如果放下表象，並且不要試圖交換一個新的，你的思想與情緒將不再被固定住，開始通過你。這會是個很可怕的經驗，你的內在深處會感到恐慌，而且你會無法確定自己的位置。當外在某樣非常重要的事物不符合人們的內在模型時，他們便會有這樣的感覺。表象停止運作，開始崩解，當它無法再保護你時，你會感到非常害怕與恐慌。然而你將發現，如果願意面對那個恐慌的感覺，便有辦法通過。你可以往回更深入正在體驗它的意識，恐慌就會停止，接著將會有你從未感受過、極大的平靜。

這是很少人知道的部分：它可以停止。喧鬧聲、恐懼、混亂，這些內在能量的持續變化——統統可以停止。你認爲必須保護自己，因此抓住湧向你的事物，並利用它們來躲藏。你拿起任何能到手的事物，然後爲了打造堅實性而開始執著。然而，你可以放下你執著的事物，不玩這個遊戲。你只須冒險放下這一切，勇敢面對正在驅動你的恐懼。然後，你便可以通過你的那個部分，它會徹底結束、會停止——不再有掙扎、搏鬥，只有平靜。

這段旅程正是通過你一直掙扎著不肯走的路。在你通過那個混亂狀態時，意識本身便是你唯一的依靠。你將只是覺知巨大的變化正在發生；你將覺知沒有堅實性，並對此感到自在；你將覺知每一天的每一刻正在開展，而你既沒有控制權，也不渴望。你沒有概念，沒有希望，沒有夢想，沒有信念，也沒有安全感。你不再針對正在發生的事建立心智模型，但生活無論如何都持續進行，而你對於只是覺知它完全自在。這一刻來了，然後是下一刻，然後再下一刻。但其實一直都是如此，一個時刻接著一個時刻在你的意識前面經過，差別在於，現在你看著它發生。你看著情緒與頭腦正在對通過的這些時刻起反應，而你並未採取任何行動去阻止、去掌控，只是讓生命開展，包括外在與內在。

如果走上這段旅程，你會到達一種狀態：在其中，你將清楚看見一個個正在開展的時刻如何帶出恐懼感。從這個清明的位置，你將能感受到保護自己的強大習性。這個習性之所以存在，是因爲你眞的沒有控制權，那讓你很不舒服。但如果你眞的想突破，就必須願意只是看著恐懼，而不保護自己遠離它。你必須願意看見這個保護自己的需求是整個人格的源頭。人格是透過建立心智與情緒結構以逃離那份恐懼感而創造出來的。現在，你直接面對精神的根本了。

如果夠深入，你便能看著精神被建立。你會看見自己身處荒涼之處，在空無一物的無限空間中，所有內在對象都正流向你，思想、感覺與世間經驗的印象全部湧進你的意識。你會清楚看見，這是一個藉由將這股內在對象流帶進你的控制之中，而保護你遠離它的習性。有個壓倒性強大的習性，讓你傾身向前，在人、地、事、物的選擇性印象流過時抓住它們。你會看見，如果聚焦於腦中這些畫面，它們就成爲原本不存在的複雜結構的一部分。你將看見十歲時發生而你還緊抓著的事件，看見你眞的是把所有記憶井然有序地拼湊在一起，然後說那就是你。然而，你不是事件，而是經歷事件的人。你怎麼能將自己定義爲發生在你身上的事呢？你在那些事發生前便覺知你的存在了，你是在那裡做著這一切、看著這一切、經歷這一切的人。你無須以建立自我的名義執著於你的經驗。這個自我是你於內在建立的假我，只是一個你躲藏其後的自我概念。

你已經躲在那裡努力維繫多久了呢？每當你的保護模型出了錯，你便爲之捍衛、找理由，好讓它恢復原貌。你的頭腦不會停止搏鬥，除非你處理了該事件，或者以某種方式讓它離開。人們感覺自己的存在處於危急關頭，因此會對抗、辯駁，直到取回控制權。這都是因爲我們企圖在沒有堅實性的地方建立堅實性，現在必須奮力維繫。問題是，這條路是行不通的。在那場搏鬥中，沒有平靜也沒有勝利。常言道，別在沙上蓋房子——沒錯，這便是終極之沙；事實上，你是在空無之中蓋房子。如果持續執著於你建立的事物，就必須不停地、永久地捍衛自己。你將必須讓每個人與每件事都維持既定方式，好讓你的概念模型與現實一致。維繫它是一場持續的搏鬥。

所謂的靈性生活便是不參與這場搏鬥。此刻發生的事件屬於此刻，不屬於你，和你沒有任何關係。你必須停止以和事件的關係來定義自己，單純讓它們來來去去，別讓事件在你內在留下印象；若發現自己事後想起它們，只要放下即可。如果發生了一件不符合你概念模型的事，而你發現自己正努力找理由讓它符合，只要覺察你在做什麼就好。宇宙中有件事不符合你的模型，而且正在你之內引發混亂，如果你只是去覺察，會發現它其實正在打破你的模型。你會到達喜歡的地步，因爲你不想保留你的模型。你會將這個狀況定義爲好事，因爲你不願再把任何能量用來建立表象並使其堅實；相反地，你會眞的允許擾亂你模型的事作爲炸藥，粉碎模型，讓你自由。這就是所謂的靈性生活。

當你變得眞正有靈性，就完全不同於其他人。其他人想要的，你不想要；其他人抗拒的，你完全接受。你要你的模型粉碎，並尊敬可能造成你內在混亂的事情發生時的經驗。爲什麼任何人說或做的任何事竟然會讓你陷入混亂、不安呢？你只是身處一顆旋轉於虛空中的行星上，而且只來待個幾十年就要走了，怎麼能過著對每件事都覺得有壓力的生活？別這麼做。如果任何事可能造成你內在混亂，那表示它撞到你的模型了，表示它撞到你爲了控制自己對現實的定義而建立的那個虛假部分。但如果那個模型就是現實，爲什麼來自經驗的現實不符合？凡是你在腦中能編造的事，沒有一件能被視爲現實。

你必須學習自在面對心理上的混亂。如果頭腦變得過動，只要觀察它；如果心開始熱起來，讓它經歷該經歷的一切。試著找到能覺察你的頭腦變得過動、覺察你的心熱起來那個部分，那是你的解脫之道。透過建立你的這個模型是無法解脫的，通往內在自由唯一的路，是經由觀察者：自性。自性只是覺察頭腦與情緒正在鬆開，沒有任何事物在努力維繫它們。

當然，這會很痛苦。你建立整個心智結構的理由是爲了避免痛苦，如果讓它瓦解，就會感受到建立它時正在逃避的痛苦。你必須願意面對這個痛苦。如果因爲害怕走出來而把自己關在堡壘中，那麼若你眞的想要體驗更完整的存在，就得面對那份恐懼。那座堡壘不會保護你，而是囚禁你。想要自由，想要眞正體驗生命，就必須走出來。你必須放下，並通過讓你擺脫精神的淨化過程——藉由單純觀察精神只是精神，而做到這一點。解脫之道是經由覺知。別再把混亂的頭腦定義爲負面經驗，你就是看看你能否在它後面放鬆。**頭腦混亂時，別問：「我該怎麼辦？」而是問：「覺察此事的我是誰？」**

最後你會了解，你從那裡觀察混亂的中心，不可能陷入混亂。如果它看起來混亂，只要覺察誰在覺察那個混亂，最終它會停止。然後，你就可以回到你的存在深處休息，一邊看著頭腦與心創造它們最後的混亂陣痛。到達這個程度時，你會了解何謂「超越」。覺知超越它覺知的對象，就像光和它照射的對象是分開的一樣。你是意識，可以藉由在後面放鬆，讓自己擺脫這一切。

如果想要永遠的平靜、喜悅與快樂，就必須穿越到內在混亂的另一邊去。你會體驗到一種愛的波浪隨時在你裡面湧現的生活。這是你的存在的本質。你只須到精神的另一邊去——藉由放下執著的習性，藉由不使用頭腦去建立虛假的堅實性，而做到這一點。你就是斷然決定透過持續放下，來展開這段旅程。

此時，旅程會變得很快。你將經歷你一直恐懼死亡的那個部分，並看見那個部分如何一直努力維繫一切。如果不餵養那個部分，如果你只是持續放下，不讓它執著，最後你會落在虛假的堅實性後面。這不是你去做，而是發生在你身上的事。

你唯一的解脫之道是見證。你就是持續藉由覺知你在覺知而放下。如果你通過一段黑暗或憂鬱期，只要問：「誰在覺知黑暗？」這是你通過內在成長不同階段的方法。你就是持續放下，一直覺知你還在那裡。當你放下黑暗的精神、放下光明的精神，不再執著於任何事物時，你會達到一切都在你後面敞開來的程度。你原本習慣於覺知在你前面的事物，現在變成覺知一個在你意識之位後面的宇宙。

那看起來不是像有任何事物在你後面。你因爲太專注於用通過你面前的思想與情緒建立你的模型，以致沒有覺知內在極爲廣大的空間。那後面有一整個宇宙，只是你並未往那個方向看。如果願意放下，你就會落在後面，而那將通往一個能量之海。你會充滿光，充滿一種沒有黑暗的光，充滿一種超越一切理解的平靜。然後，你會帶著從內在深處支撐你、餵養你、引導你的這股內在力量流，走過日常生活的每一刻。你的內在空間依然會有思想、情緒與自我概念到處飄，但它們將只是你經驗的一小部分。你不會認同於自性意識之外的任何事物。

一旦達到這個狀態，你永遠不必再擔心任何事。創造的力量將創造萬物，在你的內在與外在。你將飄浮於超越一切但尊敬一切的平靜、愛與慈悲之中。當你與你的眞實存有的宇宙廣大部分和平共處時，就不需要虛假的堅實性了。

第 5 部
活出生命

如果你完全活出生命，就不會有最後的願望，
你每一刻都活出生命，
只有到這個時候，
你才會完全體驗生命，
並放下你害怕生活的那個部分。

15 你想要真正的快樂嗎？

最崇高的靈性之路是生活本身。如果你知道如何過每天的生活，一切都將成為解脫的經驗。但首先，你必須正確地接近生活，否則它可能變得非常令人困惑。一開始，你必須了解此生你真的只有一個選擇，而那非關你的職涯、你想與誰結婚，或者你是否想尋找神。人們往往讓自己擔負許多選擇，但你最終可以把它們都拋開，只做一個根本選擇：你想要快樂，或者不想要快樂？真的就是如此簡單。一旦做出那個選擇，你人生的路就會變得完全清楚。

多數人不敢給自己那個選擇，因為覺得那並非自己所能控制。某人也許會說：「嗯，我當然想要快樂，但我的妻子離開我了。」換言之，他想要快樂，但前提是妻子不離開他。但那不是問題，問題非常簡單：「你想不想要快樂？」如果讓問題保持那麼簡單，你會明白它真的在你的掌控之中，只不過，你有一套根深柢固的偏好造成了阻礙。

假設你迷路了，好幾天沒吃東西，最後終於發現通往一棟房子的路。你幾乎無法走上門階，但還是勉強設法走上去敲門。有人來開門，看著你說：「天啊！你眞可憐。你想要吃點東西嗎？你想吃什麼？」事實上，你眞的不在乎他們給你什麼，連想都不要想。你只是擠出「食物」兩個字。而因爲你說你需要食物時是認眞的，這與你頭腦的偏好不再有任何關係。關於快樂的問題也一樣。問題只是：「你想要快樂嗎？」如果答案眞的是「想要」，那就不加限定地說出口。畢竟，問題眞正的意思是：「不管發生什麼事，你這輩子從此刻起都想要快樂嗎？」

現在，如果你說「想要」，但可能發生另一半離開你或死亡，或股市崩盤，或你的車晚上在高速公路上拋錨的狀況——從此刻到你生命結束這段時間，這些事都可能發生。但如果你想要走那條最崇高的靈性之路，那麼當你對那個簡單的問題給出肯定的答案時，你必須是認眞的。在這件事情上，沒有「如果」「以及」或「但是」。問題不是「快樂是不是你能控制的」，它當然在你的掌控之中，只不過，當你說你願意保持快樂時，不是認眞的。你想要限定它，想要說只要這件事不發生，或只要那件事眞的發生，你就願意快樂。這便是爲什麼快樂似乎不是你能控制的。你創造的任何條件都會限制你的快樂。你就是無法掌控事物，讓它們保持你想要的模樣。

你必須給出一個無條件的答案。如果你決定這輩子從此刻起都要快樂，你不只會快樂，還會開悟。無條件的快樂是最高的技巧。你無須學習梵文或閱讀任何經典，也不必出世修行，只須在你說你選擇要快樂時是認眞的，而且無論發生什麼事都一樣。這是眞正的靈性之路，是所可能存在的一條直接而確定的覺醒之道。

一旦決定想要無條件地快樂，就無可避免會發生挑戰你的事。這個對你的承諾的試驗，會刺激靈性成長。事實上，正是你的承諾的無條件面向，讓這條路成爲最崇高的路。就是這麼簡單，你只須決定是否要打破你的誓言。一切順利時，要快樂很容易；但是有困難的事情發生時，就沒那麼簡單了。你往往會發現自己在說：「但我不知道會發生這樣的事。我沒想到會錯過班機。我沒想到莎莉會穿著和我一樣的衣服出現在宴會上。我沒想到有人會在我取得新車一小時後就在那上面弄出凹痕。」你眞的願意因爲發生這些事，而打破你的快樂誓言嗎？

有無數你還沒想到的事情都可能發生。問題並非它們會不會發生，事情會發生的，眞正的問題是：無論發生什麼，你是否都想要快樂？你生命的目的是享受你的經驗，並從中學習。你不是來地球受苦的，你的苦幫不了任何人。無論你的哲學信念爲何，事實始終是，有生就有死。而在這中間的時間，你必須選擇是否要享受這段經驗。**事件無法決定你會不會快樂，它們只是事件。決定你會不會快樂的，是你。**你可以因爲只是活著而快樂，可以因為這所有的事發生在你身上而快樂，然後快樂地死去。如果可以這樣生活，你的心會如此敞開來，你的聖靈會如此自由，以致你將飛上天堂。

這條路引你到絕對的超脫，因為會為快樂承諾添加條件的任何一部分的你都必須去除。如果你想要快樂，就必須放下你那個想要製造肥皂劇的部分，那是認為有理由不快樂的部分。你必須超脫個人，而當你這麼做時，自然會意識到你的存有的較高面向。

最終，享受生命經驗是唯一合理的事。你正坐在一顆旋轉於虛空中的行星上。去吧，去看看現實。你正飄浮在無盡宇宙的虛空中，如果必須待在這裡，至少要快樂，並享受這段經驗。反正你一定會死，反正事情一定會發生，為什麼不讓自己快樂？你無法藉由被生活事件煩擾獲得任何東西，這不會改變世界，只會讓你受苦。如果你想要，總會有煩心事。

享受生命這個選擇將引導你通過你的靈性旅程；事實上，它本身就是靈性導師。致力於無條件的快樂將教導你學會關於自己、關於他人、關於生命本質的每一件事。你將學會關於頭腦、心與意志的一切。但是，當你說餘生都要快樂時，必須很認真。每當一部分的你開始變得不快樂時，就放下它，處理它，運用肯定句，或是去做任何保持開放所需的事。如果你堅定不移，沒有任何事能阻止你。無論發生什麼，你都可以選擇享受那段經驗。如果挨餓或獨囚，只管像甘地一樣甘之如飴。無論發生什麼，你就是去享受你面臨的人生。

儘管聽起來很難，但不這麼做又有什麼好處？如果你完全清白卻被關起來，你一樣可以快樂。不快樂又能怎樣？那不會改變任何事。最終，如果你保持快樂，你就贏了。把這變成你的遊戲，無論如何都保持快樂。

保持快樂的關鍵其實很簡單，就從了解你的內在能量開始。如果往內看，你會發現，當你快樂時，你的心感覺敞開來，內在有能量往上湧；而當你不快樂時，你的心感覺封閉，內在沒有任何能量湧現。所以，想要保持快樂，只要別封閉自己的心。無論發生什麼，即使另一半離開你或死亡，都別封閉起來。

沒有任何規定說你必須封閉。只管告訴自己，無論發生什麼你都不會封閉起來。你眞的有這個選擇。當你開始封閉時，只要問自己是否眞的願意放棄快樂。你應該仔細檢視，內在的什麼東西讓你相信封閉有好處？碰上微不足道的小事，你就拱手交出你的快樂。原本心情很好，結果開車上班的路上有人超你車，讓你氣得要命，然後你一整天就一直很不開心。爲什麼？大膽地問自己那個問題。讓這件事毀了你的一整天到底有什麼好處？一點好處都沒有。有人超你車，就放下，並保持開放。如果你眞的想要，就可以做到。

若踏上這無條件快樂之路，你會經歷瑜伽的所有不同階段。你將必須始終保持有意識、歸於中心與堅定，必須持續專注於對生命保持開放與接納的承諾。然而，沒人說你做不到。保持開放是偉大的聖者與大師教導的事。他們教導：神是喜悅，神是狂喜，神是愛。如果你夠保持開放，一波波令人振奮的能量會充滿你的心。靈性修行本身不是目的，當你造詣精深到足以維持開放時，便會結出果實。如果學會隨時保持開放，極美好的事將發生在你身上。你只須學習不封閉。

關鍵在於學習讓頭腦足夠守紀律，這樣它才不會哄騙你，讓你以爲這次值得封閉起來。失足了，就重新站起來。在你跌倒那一刻，在你張開嘴巴那一刻，在你開始封閉與捍衛自己那一刻，重新站起來。你就是站起來，並在心裡申明，無論發生什麼事你都不想要封閉，申明你只想要處於平靜狀態並感謝生命。你不希望自己的快樂被他人的行爲制約，你的快樂被自己的行爲制約已經夠糟了。當你開始讓自己的快樂受到他人行爲制約時，麻煩就大了。

事情會發生在你身上，而你會感受到封閉的傾向，但你可以選擇跟著那個傾向走，或者放下它。你的頭腦會告訴你，這些事情發生時，沒有道理保持開放。但你的生命所剩有限，眞正沒道理的，是不享受生命。

如果你很難記住，就靜心。靜心會增強你的意識中心，好讓你一直維持足夠的覺知，不讓自己的心封閉。你藉由放下與釋放封閉的傾向，而保持開放。你就是在心開始緊繃時，放鬆它。不必在外表上一直興高采烈，你可以只是內心喜悅。面對展現的種種狀況，你不是抱怨，而是讓自己開心。

無條件的快樂是很崇高的路、很崇高的技巧，因爲它能解決所有問題。你可以學習瑜伽的技巧，例如靜心與體位法，但你剩下的人生該怎麼做？無條件快樂的技巧十分理想，因爲你餘生要做的事已經定義好了——你要放下自己，以保持快樂。就你的靈性而言，你會成長得非常快。每一天的每一刻都眞的這麼做的人，會注意到自己的心的淨化，因爲他們不會被捲進發生的事情裡了。此外，他們也會注意到頭腦的淨化，因爲他們不會參與頭腦的肥皀劇了。他們的夏克提（聖靈）會覺醒，就算對夏克提一無所知；他們會漸漸知道一種超越人類所能理解的快樂。這條路解答了日常生活，也解答了靈性生活。一個人能獻給神最棒的禮物，是對祂的創造感到開心。

你認爲神喜歡和快樂的人或痛苦的人在一起？這不難回答。只要想像你是神，你創造了天堂與人間，好讓你可以玩、可以體驗自己，而現在你下凡來看看人類。所以，神問祂看見的第一個人：

「你感覺如何？」

這個人說：「我感覺如何是什麼意思？」

「嗯，你喜歡這裡嗎？」

「不，我不喜歡這裡。」

「為什麼？有什麼問題嗎？」

「那棵樹有五處彎曲，我要它是直的。這個人和別人出去，而那個人的電話費帳單好幾千元。這個人的車子比我的好，而那個人穿得很滑稽。真是太可怕了。加上我的鼻子太大，耳朵太小，腳趾頭很怪。我不喜歡，全都不喜歡。」

於是神說：「嗯，那動物怎麼樣？」

「動物？螞蟻和蚊子咬我，真可怕。我晚上沒辦法出門，因為外面都是這些動物。牠們到處嗥叫、大便，我就是不喜歡。」

你認爲神會喜歡聽這些嗎？祂說：「你以爲我是投訴部門嗎？」於是，祂去拜訪另一個人，然後再次問道：

「你感覺如何？」

這個人說：「欣喜若狂。」

神說：「哇！那麼，你覺得各種事物如何？」

「它們真美好。我看到的每樣事物都在我之內創造出喜悅的浪潮。我看著那棵彎曲的樹，覺得好感動。螞蟻來咬我，真是太令人驚奇了，一隻小螞蟻竟然有那麼大的勇氣，敢來咬我這樣的巨人！」

現在你猜，神會想和誰待在一起？在瑜伽傳統中，對神有個古老的稱呼：Satchitananda，永恆的、有意識的至喜。神是狂喜，是所能達到的最高喜悅。如果你想接近神，請學著充滿喜悅；如果你無論發生什麼事都保持自發性的快樂與歸於中心，你會找到神。那是令人驚奇的部分。是的，你會找到快樂，但與你眞正會找到的東西相比，那根本不算什麼。

一旦通過火的試煉，且十分確信你無論如何都會放下，那麼，遮住人類頭腦與心的那層紗將會落下。你會直接面對超脫你之外的東西，因爲不再需要你了。當你結束與短暫及有限之間的遊戲時，就會對永恆及無限敞開來。此時，「快樂」這個詞已無法描述你的狀態，狂喜、至喜、解脫、涅槃、自由等詞就出現了。喜悅將淹沒一切，於是，你的福杯滿溢。

這是一條美好的道路。要快樂哦！

16 不抗拒生命之流

人應該這樣看待靈性工作：學習不帶壓力、難題、恐懼或肥皀劇過生活。這條利用生活在靈性上進化的路，眞的是最崇高的路。緊張或問題眞的沒有理由存在，壓力只在你抗拒生命事件時才會發生。如果你既不把生命推開，也不把它拉向你，就不會製造出任何抗拒。你只是存在。在這個狀態中，你只是見證與經歷生命事件發生。如果選擇這樣生活，你會發現人生可以在平靜狀態中度過。

生命這個穿越時間與空間的原子流，眞是一個令人驚奇的過程。它只是一連串成形後立即消失在下一刻、接續不斷的事件，如果你抗拒這個令人驚奇的生命力量，緊繃感會在你裡面累積，並進入你的身體、頭腦與靈心。

日常生活中不難看見緊張與抗拒的習性，但如果想要了解這個習性，必須先檢視我們爲什麼如此抗拒讓生命呈現它本來的面貌。我們內在的什麼東西居然有能力抗拒生命的實相？如果仔細看看自己的內在，你會發現，是你——自性，居於內在的存有——擁有這個力量。這個力量叫作「意志力」。

意志是從你的存在發出的眞實力量，讓你的手臂與腳移動。手臂與腳不會自行任意移動，它們之所以動、這樣或那樣動，是因爲你的意志要它們這麼做。當你想要專注於自己的念頭時，也用同樣的意志去抓住念頭。當自性的力量集中並導入身體、心理或情緒領域時，會創造出一種力量，我們稱之爲「意志」——你試圖讓事情發生或不發生時，用的就是它。你並不是無助的，你有力量可以左右事物。

看見我們最後是運用意志做什麼，很令人驚訝。事實上，我們是逆著生命之流去堅持自己的意志。如果發生不喜歡的事，我們便抗拒它，但既然我們在抗拒的事早已發生，抗拒有什麼用？如果你最好的朋友搬走了，你不喜歡這件事是可以理解的，但你未來許多年對這件事的抗拒，並不會改變好友的確搬走了這個事實。抗拒奈何不了實際狀況。

事實上，甚至無法主張我們正在抗拒實際狀況。例如，若某人說了我們不喜歡的事，顯然我們的抗拒無法阻止「他們已經說了」這個狀況。我們眞正抗拒的，是事件通過我們的經驗。我們不想要那個經驗影響自己的內在，知道那會留下不符合既有模型的心理與情緒印象。因此，我們發出意志力來抵抗事件的影響，企圖阻止它通過心與頭腦。換言之，事件的經驗不會隨著我們在感官層次觀察到它而停止，事件也必須在能量層次通過精神。這是我們每天經歷的過程。最初的感官觀察結果碰觸到我們心理與情緒的能量池，在能量中製造出活動。這些活動通過精神，就很像實質衝擊在水面激起漣漪。令人驚奇的是，你其實有能力抵抗這些能量活動。意志力的堅持可以阻止能量轉移，而這會造成緊張。你可能與一個事件，甚至一個念頭或情緒的經驗搏鬥到筋疲力盡。你太清楚這種狀況了。

最後你會發現，這種抗拒極爲浪費能量。事實上，你通常運用意志去抗拒以下兩件事之一：已經發生的，或尚未發生的。你於內在抗拒來自過去的印象或對於未來的想法。想想看，抗拒已經發生的事浪費了多少能量。既然事件已經過去了，你其實是在和自己搏鬥，而非事件。此外，想想抗拒可能發生的事浪費了多少能量。既然大多數你認爲會發生的事都沒發生，你只是在浪費能量。

如何處理能量流，對你的生命有重大影響。如果你堅持自己的意志去抵抗一件已經發生的事的能量，就好像試圖阻止一片葉子掉在靜止湖面激起的漣漪。你做的任何事都會引起更多騷動、混亂，而非更少。當你抗拒時，能量無處可去，被困在你的精神中，並嚴重地影響你。它堵住你心的能量流，讓你覺得封閉、比較沒有活力。當某件事令你苦惱，或情況對你來說實在太沉重時，眞的會發生這種事。

這是人類的困境。事件已經發生，我們卻持續藉由抗拒而把它們的能量留在我們裡面。而現在，面對今天的事件，我們既不準備接受，也無法消化，因爲我們還在與過去的能量搏鬥。隨著時間過去，能量可能累積到一個程度，讓人因爲被堵塞得太厲害，以至於不是大發雷霆，就是完全停擺。這就是緊張不已，甚至疲憊不堪所指的意思。

沒有理由緊張，也沒有理由大發雷霆或停擺。如果不讓這個能量在你裡面累積，而是允許每一天的每一刻都通過你，那麼，你時時刻刻都可以像在度過一個毫無壓力的假期那樣精力充沛。**造成問題或壓力的不是生命事件，而是你對生命事件的抗拒**。既然問題是因爲你運用意志去抗拒正在通過你的生命實相而引起的，解決辦法就很明顯了——停止抗拒。如果你打算抗拒某件事，至少要有一些抗拒的理性根據，否則你就是在不理性地浪費寶貴的能量。

要願意去檢視抗拒的過程。爲了抗拒，首先你必須決定某件事不是你喜歡的樣子。許多事件都直接通過你了，爲何你決定抗拒這一件？你內在的某樣東西必定有個根據，用來決定何時直接讓事件通過，何時要堅持意志力去推開或執著於某件事。

有無數的事物完全不困擾你。你每天開車去上班，很少注意到建築物與樹。路上的白線完全不會讓你緊張，你看見了，但它們直接通過你。然而，別以爲每個人都是這樣。

有些以畫路上的白線爲生的人如果看見那些白線不整齊，可能會很緊張；事實上，他們可能緊張到拒絕再開車到那條路上。顯然，不是每個人都抗拒同樣的事物，或者有同樣的問題，因爲不是所有人對事物應該是什麼模樣或它們對自己應該有多重要，都有相同的成見。

若想了解壓力，就從了解你帶著個人對事物的成見到處跑開始。你就是根據這些成見，堅持意志去抗拒已經發生的事。你是從哪裡獲得這些成見的呢？假設看見盛開的杜鵑花讓你很緊張。當然，那對多數人並不構成困擾，但爲什麼會困擾你呢？我們只需要知道，你曾有個種杜鵑花的女友，而她在花朵盛開時和你分手了。現在每次看見盛開的杜鵑花，你的心就會封閉起來，甚至不想靠近那些東西，它們實在帶給你太多煩擾。

這些發生在我們生命中的個人事件，在腦中與心上留下印象，而那些印象成爲我們堅持意志去抗拒或執著的根據。沒有比那個更深的了。事件可能發生在你小時候或你生命中的許多時間點，而無論發生於何時，都會在你裡面留下印象。現在，你根據這些過去的印象，抗拒著當下正在發生的事。這創造了內在緊張、混亂、掙扎與痛苦。你沒有看清這一點並拒絕讓這些過去事件主導你的人生，反而相信它們。因爲相信這些過去事件有眞正的意義，你將心與靈魂全部投入於抗拒或執著。但事實上，這整個過程沒有眞正的意義，只會摧毀你的人生。

替代做法是利用生活去放下這些印象與它們造成的壓力。爲了做到這一點，你必須保持高度覺知。你必須仔細觀察腦中那個告訴你去抗拒某件事的聲音。它幾乎是在命令你：「我不喜歡他說的話。解決一下。」它給你建議，要你藉由抗拒事物去對抗這個世界。你爲什麼要聽它的？請讓你的靈性之路變成願意讓所有發生的事都通過你，而不是將它們帶入下一刻。這不表示你不處理發生的事。你樂於處理，但先讓能量通過你，否則你處理的其實不是當下的事件，而是來自過去的堵塞能量；你不會出自清明之處，而是出自內在抗拒與緊張的地方。

要避免這樣，請開始以**接納**處理每個狀況。接納意味著事件可以絲毫不受抗拒地通過你。如果一件事發生了，並且能夠通過你的精神，接著你便會直接面對眞實存在的實際狀況。由於你是在處理實際事件，而非事件激發的積存能量，你就不會堅持來自過去的反應性能量。你會發現，你能把日常狀況處理得更好；事實上，你接下來的人生可能都不會再有任何問題。這是因爲事件並非問題，就只是事件，你對事件的抗拒才是問題的起因。但同樣地，別以爲你接受現實就代表你不處理事情。你確實會處理，只不過是當作**發生在地球上的事件**來處理，而非當作**個人問題**。

你會驚訝地發現，在多數狀況中，除了自己的恐懼和欲望，沒有任何事需要處理。恐懼和欲望讓每件事看起來都很複雜，而如果你對一件事沒有恐懼或欲望，其實沒有什麼需要處理。你只是讓生命開展，並以自然且理性的方式和它互動。下一件事發生時，你完全存在於那一刻，單純享受生命的經驗。沒有任何問題。關鍵在於沒有問題、沒有緊張、沒有壓力，也沒有筋疲力竭。當這個世界的事件通過你時，你已經達到一個深層的靈性狀態。那時，你在發生的任何事情面前都可以保持覺知，而不會累積堵塞的能量。當你達到那個狀態時，每件事都變得很清晰。相形之下，其他人則是企圖一邊與自己的反應和個人偏好搏鬥，一邊處理周遭世界。當一個人在處理自己的恐懼、焦慮和欲望時，還剩下多少能量去處理實際發生的事呢？

停下來想想你能夠成就些什麼。到目前爲止，你的能力一直被持續不斷的內在搏鬥所限。想像一下，如果你的覺知自由地只聚焦於實際發生的事件，會發生些什麼。你的內在將不會出現喧鬧聲。如果像這樣生活，你可以做到任何事。你的能力和過去相比，會呈現指數性成長。假如你能將這種程度的覺知與清明帶到所做的每件事情上，生命將會改變。

所以，你接受這項利用生活去放下抗拒的工作，當作你的靈性之路。人際關係是面對自己的好方法。想像一下，如果你利用人際關係去了解他人，而不是去滿足內在被堵住的東西，會怎麼樣？假如你不試著讓人們符合你的好惡成見，會發現人際關係其實沒那麼難。假如你不忙著根據內在被堵住的東西去評判與抗拒他人，會發現他們好相處多了——你也一樣。放下自己，是最容易接近別人的方法。

同樣的道理也適用於你每天的工作。每天的工作很有趣——事實上是很容易。你的工作只是你在身處一顆虛空中的行星上的一天裡，對自己做的事。如果想要感到滿足並享受你的工作，你必須放下自己，讓事件流過你。你真正的工作，是在其他一切都通過後，剩下來要做的事。

一旦個人能量通過你，這個世界會變成一個不同的地方，人與事件在你看來都不一樣了。你會了解你擁有以前從未見過的天賦與能力，你的整個人生觀都會改變。世上的每件事看起來都像是被轉化了，這是因為當你在一個狀況中放下時，會影響你對其他狀況的清明程度。比方說，假設你怕狗，而你慢慢了解別人並不怕，且就這樣撐過一生。由於你已經怕了大半輩子，你在受苦，別人卻沒有，那個痛苦完全沒有意義，因此你決定處理恐懼，並且在看見狗的時候放鬆。處理抗拒的方法是放鬆。放鬆地通過你個人的抗拒不只改變你和狗的關係，也改變了你和每樣事物的關係。你的靈魂現在學會如何讓騷亂的能量通過，下次有人說了或做了某件你不喜歡的事，你會自動像處理對狗的恐懼那樣處理這個狀況。這個放鬆通過抗拒的過程，對你生命中的一切都有好處，因爲它直接處理了「在心試圖封閉時如何讓它保持開放」這件事。

深層的內在釋放本身就是一條靈性之路，它是不抗拒的路、接納的路、臣服的路，是關於在能量通過你時不去抗拒。如果你很難做到這一點，別批判自己，只要持續處理。要變得那樣敞開來、那樣完整、那樣完全，是一輩子的工作。

關鍵在於放鬆、釋放，只處理剩下來在你面前的事，不須擔心其餘的。如果你放鬆並釋放，會發現這讓你經歷極大的靈性成長。你會開始感覺內在有大量的能量甦醒，會感受到比從前多很多的愛，會覺得更加平靜與滿足，最後再也沒有任何事會困擾你。

你眞的可能達到一種這輩子都不再有壓力、緊張或難題的狀態。你只須了解，生命給了你一份禮物：從你出生到死亡之間的一連串事件。這些事件令人興奮、充滿挑戰，且創造了極大的成長。想要自在地處理這股生命之流，你的心與頭腦必須開放，並擴展到足以包含現實。心與腦不敞開來的唯一理由，是因爲你抗拒。學會停止抗拒現實，過去看來讓人充滿壓力的問題，會開始看起來像你靈性旅程的跳板。

17 直視死亡，才能時刻活出生命

死亡是生命最偉大的導師，這實在是個天大的悖論。沒有哪個人或哪件事，能像死亡教你那麼多。可能有人告訴你，你不是你的身體，而死亡證明給你看；可能有人提醒你，你執著的事物無足輕重，死亡轉瞬間便將一切都帶走；可能有人教導你，種族平等，富人與窮人之間也並無差別，死亡頃刻間便讓我們所有人都一樣。

問題是，要等到最後一刻，才讓死亡做你的導師嗎？智者了解，任何時刻都可能吐氣之後，就再也無法吸氣了，這隨時隨地都可能發生，你的最後一口氣就這麼沒了。僅僅死亡的無常，便能時刻教導我們，從死亡這件事我們有許多可以學習的地方。有智慧的人，能夠全然擁抱死亡的實在性、無可避免性與不可預測性。

任何時候你爲某事感到煩惱時，想想死亡。假設你生性好妒，無法容忍任何人靠近你的伴侶，哪天你不在了會發生什麼事？你的愛人獨居無人照料，眞的很浪漫嗎？如果可以拋開個人問題，你會發現你希望所愛的人快樂，並擁有完整且美好的人生，既然這是你對他們的希望，爲什麼還要爲了他們只是和別人談話而煩惱呢？

挑戰你活在最高層次的，不應該是死亡。爲什麼要等到每件事都離開你，才來學習向內在深處挖掘並達到你的最高潛能呢？有智慧的人會堅稱：「如果一口氣能改變這一切，那麼我希望在活著時能活在最高層次。我不會再讓我所愛的人操心。我會活出最深刻的生命。」

這是深刻且有意義的關係所需的意識。看看我們是多麼麻木不仁地對待所愛的人，認爲他們的存在和陪伴都是理所當然。如果他們死了呢？如果你死了呢？如果你知道今晚將會是你最後一次看見他們呢？想像天使下來對你說：「將你的事情收拾好。今晚睡著之後便不會再醒來，你將隨我離開。」此時你才驚覺，這天碰見的每一個人，都是最後一次見面。你會有什麼感覺？你會如何和他們互動？還會爲了一直縈繞在心頭的嫌隙與不滿而煩惱嗎？知道那將是你最後一次和所愛的人相處，你能給他們多少愛呢？想想如果你每一刻和每一個人都像那樣生活會怎樣？生命會徹底改變，死亡不是病態思想，死亡是生命中最偉大的導師。

花點時間看看你自認爲需要的事物，看看你花了多少時間與精力在各種活動上。想像一下，如果你知道一個星期或一個月內會死亡，那會帶來什麼改變？優先順序與想法會有什麼變化嗎？捫心自問，最後一週你會做什麼？這是可供思考的絕佳想法。然後仔細考慮：如果這眞的是你最後一週會做的事，那麼其餘的時間都在做什麼？虛度？丟棄？或是像不太珍貴的東西一樣對待？你怎麼利用生命？那是死亡提出的問題。

假設在生活中完全沒有想到死亡，然後死神來找你，並說：「走吧！時間到了。」你說：「不行。你應該先警告我，這樣我才能決定最後一週想做什麼。我應該再多一週才對。」你知道死神會對你說什麼嗎？他會說：「天啊！單單過去這一年，我就已經給了你五十二週，再看看所有我曾經給過你的，爲什麼你還會多需要一週？之前的所有時間你都在做什麼？」如果這樣問的話，你還有什麼話好說？你會怎麼回答？「我沒注意到……我沒想到把握時間的重要性。」眞是這樣的話，你的生命實在令人非常驚訝。

死亡是偉大的導師。但誰用那樣的覺知在生活呢？無論幾歲，你隨時可能一口氣接不上來。死亡的威脅一直都在發生，對嬰兒、青少年與中年人，而不只對老年人而已。一口氣上不來，人就死了，沒人知道大限何時會到，自然規律本來就是如此。

因此，爲什麼不鼓足勇氣，經常反思最後一週你會如何生活？如果你問眞正覺醒的人這個問題，他們會輕而易舉地回答你：「我的內在沒有一件事會改變，腦中沒有一個念頭會閃過。無論死亡在一個小時、一週或一年內到來，我都會和現在一樣，過完全相同的生活。沒有一件事是心裡掛念著要做的。」換言之，他們完全活出生命，不和自己妥協或開玩笑。

你必須願意去看死亡與你對望時的情景，然後泰然自若，好讓自己能平等看待生死。有個偉大瑜伽士的故事，他說生命中的每一刻，都感覺好像有把劍被蜘蛛絲懸吊在他頭上，以如此接近死亡的覺知來過生活。你就是如此接近死亡，每次上車、過馬路、吃東西，都可能是你做的最後一件事。你知道任何時刻在做的事，就是某人死亡時在做的事嗎？「他在吃晚飯時死亡……他在家附近的車禍中死亡……她在飛往紐約的空難中死亡……他一睡不醒……」在某個時候，某個人就發生這樣的事。無論在做什麼，某個人就這樣死了。

你不必害怕討論死亡，別對死亡感到不安。反之，讓這樣的思維幫助你活出生命的每時每刻，因爲每一分鐘都很重要。這會發生在某人知道自己只剩一週可活時，你可以確定，他們會告訴你，曾有過最重要的一週就是最後那週。每件事在最後那週都更有意義百萬倍。如果你每週都那樣生活呢？

此時，你應該問自己，爲什麼不那樣生活？你必然會死，你知道這點，只是不知道什麼時候。每一件事都會從你身邊被取走，留下財產、愛人及此生的所有希望與夢想，你會完全離開存在的地方，再也無法扮演你如此投入的角色。死亡在一瞬間改變所有的事，這就是眞實的情況。如果這一切都可能在一瞬間改變，那麼也許它根本就不眞實，也許你應該好好查查你是誰，也許你應該更深入地觀察。

擁抱深層實相的妙處，是你不必改變生命，只要改變你活出生命的方式。重點不是你在做什麼，而是多少的你在做。讓我們舉一個很簡單的例子：你已經走到戶外幾千次，但眞正欣賞過幾次？想像一個人躺在醫院病床上，被告知只剩一週可活。他仰望醫生，說：「我能到戶外走走嗎？讓我再看一次天空好嗎？」如果外面在下雨，他會想要感覺雨，只要再一次就好。對他來說，那將是最寶貴的事。但現在你不想感覺雨，會邊跑邊躲雨。

是什麼不讓我們活出生命？裡面是什麼如此害怕，以至於不敢讓我們完全享受生命？我們的這個部分，如此忙著嘗試確保下一件事正確運作，以至於無法完全活在當下並活出生命。死亡一直在窺視我們的腳步，死到臨頭，你會不想活嗎？但你可能不會得到警告，很少人在即將死亡時會被告知，幾乎所有人都是突然一口氣接不上來就走了。

因此，開始利用每一天，去放下不讓你完全活出生命的那個可怕部分。既然你知道自己一定會死，就要願意說必須說的話、做必須做的事，要願意完全活在當下，不畏懼下一刻會發生的事。那是人面對死亡時的生活方式，你也必須這麼做，因爲你每一刻都在面對死亡。

學著彷彿隨時要面對死亡般生活，你將變得更勇敢、更開放。如果你完全活出生命，就不會有最後的願望，你每一刻都活出生命，只有到這個時候，你才會完全體驗生命，並放下你害怕生活的那個部分。沒有理由害怕生命，一旦你了解唯一能從生命獲得的東西，是來自於體驗生命而帶來的成長，恐懼就會逐漸消失。生命本身是你的終身職業，而你與生命的互動是最有意義的關係。你做的其他每件事，都只是聚焦於企圖賦予生命某個意義的生命小配件，眞正賦予生命意義的，是願意活出生命。生命不是任何特別的事件，而是願意去體驗生命的各個事件。

如果你知道下一個見到的人，將是此生所見的最後一個，那會怎樣？你會完全沉浸在裡面，體驗它。你不在乎對方在說什麼，只想好好享受聆聽的感覺，因爲那將是你此生最後的對話。如果你把那種覺知帶到每一場對話呢？那是當你被告知即將死亡時會發生的事：你改變，而生命不改變。眞正的求道者承諾每一刻都要像這樣生活，並且不讓任何事阻止他們。爲什麼要讓任何事阻止你？反正你就要死了。

如果你挑戰自己只剩最後一週似地去生活，頭腦可能會提出各種受壓抑的欲望，會開始談論各種你一直想做的事，而你認爲最好去實現它。但你很快就會發現，那不是正確解答。你必須了解，這是企圖從生命獲得特殊經驗，這將使你錯過生命的實際經驗。生命不是你獲得的東西，而是你所體驗的東西。無論有沒有你，生命都存在。生命已經持續了億萬年，你只是有幸看見生命的一小片。如果你忙著嘗試獲得某樣東西，會錯過你實際正在體驗的切片。每一個生命的經驗都不一樣，每一個經驗都值得擁有。生命不是可以浪費的東西，它眞的很寶貴。因此，我才說死亡是這麼一位偉大的導師。死亡，讓生命珍貴，當你想像只剩一週可活時，看看生命變得多麼寶貴。如果沒有死亡這樣的事，生命還會那麼珍貴嗎？你會浪費生命，因爲你以爲自己永遠擁有生命。稀罕讓事物寶貴，稀罕讓一塊簡單的石頭變成珍貴的寶石。

死亡實際賦予生命意義，死亡是你的朋友，死亡是你的救星。看在神的分上，別害怕死亡，試著傾聽它在對你說什麼。學習的最快捷徑，是把握生命的每一刻，並了解完全活出生命的重要性。如果你完全活出每一刻，就會有較完整的生命，並且不害怕死亡。

你害怕死亡，是因爲渴望生命；你害怕死亡，是因爲你認爲有些事情是你沒體驗過的。許多人覺得死亡會從他們身邊帶走一些東西，有智慧的人則了解，死亡不斷帶給他們東西，死亡正賦予生命意義。拋棄生命的人是你，你一分一秒地浪費生命。你把車子從這裡開到那裡，卻沒看見任何東西，你甚至不在這裡。你忙著想接下來要做什麼，想超前自己一個月，甚至一年，你沒有活出生命，而是活出頭腦。因此，拋棄生命的是你，不是死亡。死亡實際上藉由讓你注意當下，而幫助你重新獲得生命，讓你說出：「天啊！我即將失去這個。我即將失去我的小孩，這可能是我最後一次見到他們。從現在起，我要更關心他們，更關心我的伴侶，更關心我所有的朋友，更關心我鍾愛的人。我希望從生命得到更多、更多。」

如果你完全活出每個經驗，死亡不會從你身邊帶走任何東西。沒有任何東西可帶走，因爲你已經實現。這是智者總是準備好隨時可死的原因。死亡何時來臨並無差別，因爲他們的經驗已經完整、完全。假設你喜歡音樂勝過一切，你一直想要聽到最喜歡的樂團演奏你最喜歡的古典作品，那是你一生的夢想，最後，它發生了。你在那裡，並親耳聽到，音樂完全充滿你，第一個音符便把你帶到夢寐以求的地方。由此可見，只需片刻便可完全融入超凡的平靜。死前，你眞的不需要更多時間；你需要的，是在有生之年更深入體驗。

那是活出你生命每一刻的方式。你完全體驗生命，碰觸生命的深處，無刻不如此，即使發生可怕的事，也視爲只是生命的另一個經驗。死亡已經對你許下重要承諾，你可在其中找到深層的平靜。那個承諾是，一切事物都是短暫的，都只是正在通過時間與空間，如果你有耐心，這也會過去。

智者了解，生命最終屬於死亡。死神在死亡時刻現身，從你那裡取走生命。死神是地主，你只是房客。人們常說「他活在借來的時間裡」或「他得到一份新的生命租約」，他從誰那裡借時間？當然是從死神手中。死神是來主張所有權，因為死亡一直屬於祂。你應該和死亡建立健康的關係，不應該是恐懼。對死神心存感恩，因爲祂給了你另一天、另一個經驗，且創造了讓生命如此珍貴的稀有性。如果你這麼做，生命將不再是用來浪費的，而是用來體驗的。

死亡是終極的生命實相，瑜伽士與聖者都完全擁抱死亡。聖保羅曾說：「死啊！你得勝的權勢在哪裡？死啊！你的毒鉤在哪裡？」（〈哥多林前書〉第十五章第五十五節）。偉大的存有從不在意說死。傳統上，瑜伽士會去墓地或火葬場靜心，在那裡提醒自己身體的脆弱與死亡的必然；佛教徒被教導事物的無常，一切都是短暫的，而死亡向你道出這點。

因此，勿迷失在日常的心中囈語，爲什麼不想想生命短暫的本質？爲什麼不想想有意義的事？別害怕死亡，讓死亡解放你，激勵你去完全體驗生命，但切記，那不是你的生命。你應該體驗發生在身上的生命，而非你希望曾經發生的生命。別浪費生命中的一分一秒去試圖讓其他事情發生，而應該感謝你被給予的時刻。難道你不了解，每分鐘你都愈接近死亡嗎？這就是你活出生命的方式——應該像瀕臨死亡一樣地生活，因爲確實如此，它當下就在發生。

18 活在最佳平衡點上

若不提及靈性教誨裡最深奧的《道德經》，探討活出生命的靈性之道就不夠完整。此經討論很難討論的議題，老子稱其爲「道」。道如此精微，以至於人只能繞著周邊議論，而無法實際觸及。《道德經》裡設定了整個生命原則的根基，內容是關於陰與陽、女與男，以及黑暗與光明的平衡。你可輕易朗讀《道德經》，卻可能一個字也不懂，也可能每讀一個字就掉眼淚。問題在於，你是否掌握了知識、悟性，以及理解經裡企圖傳達訊息所需的基礎？

不幸地，靈性教誨經常以神祕文字遮蔽眞理的本質，但這個平衡，這個道，其實很簡單，眞正懂得生命祕密的人，不須閱讀任何文字便能認出這些眞理。如果你想了解道，就必須慢慢來，並且讓道一直保持非常簡單，否則你可能會錯過，即使它就在你面前。

從一些簡單、近乎修辭學的問題來接近道是最好的。例如，人偶爾吃東西好嗎？好，顯然如此。人一直吃東西好嗎？不，當然不好。就在中間某處，你忽略了道。偶爾不吃東西好嗎？好。永遠不吃東西好嗎？不好。鐘擺可能一路擺盪，從把自己撐死，到把自己餓死。那是鐘擺的兩個極端：陰與陽，擴張與收縮，不做與做。每件事都有兩個極端，每件事都有鐘擺的逐漸變化階段，如果你走到極端，就無法生存。極端就是這麼極端。你喜歡熱天氣嗎？三千度怎樣？你會立刻蒸發。你喜歡冷天氣嗎？絕對零度如何？你身體的分子再也無法活動。

讓我們舉個較不極端的例子。你喜歡和人親近嗎？如果親近到永不分開，如何？你們一起吃每頓飯，一起去每個地方，一起做每件事，而當你們講電話時，總是開啓擴音功能，好讓雙方都能參與每個會談，你們希望親近到兩人變成同一個人。你認爲這可以維持多久？

那是人類關係的一個極端。另一個極端，是你想要自己的空間，做自己的事，你是獨立的，你喜歡分開，這樣當你們在一起時，才一直有東西可以互相分享。你有多麼獨立呢？嗯，你獨自旅行，獨自進食，獨自居住。要分開到什麼程度，才讓人無法想像你們還有一段關係呢？闊別數年！這兩個極端最後都一樣，在太近或太遠這兩種情況下，你們不久之後都不再交談。每件事都有它的極端：陰與陽。

讓我們說得更細一點：攝氏三千度聽起來太誇張，絕對零度也很離譜；餓死或吃到生病也一樣。但是，關於和某人親近到一直在一起，則聽起來很好，至少你也許想要試試看。若果眞如此，那是因爲你的鐘擺已經擺到相反的方向太久。你已經孤單太久——太多晚餐獨自一人，太多電影獨自一人，太多旅行獨自一人。換言之，你的鐘擺已經偏離中心。

從科學得知，如果你把鐘擺拉到右邊三十度，則要擺回到左邊三十度才會停止。不需要老子告訴你這點，所有的法則都一樣，內在法則與外在法則一體適用。同一個原則驅動世上的所有事物，如果你拉鐘擺到一邊，則它將擺回另一邊同樣遠。如果你餓了好幾天，有人把食物放在面前，那你吃東西時將毫不客氣，會像動物一樣狼吞虎嚥，就和你挨餓到激起動物本能的程度一樣。

因此，道在哪裡？道在中間。那是沒有能量在兩邊推動的地方。舉凡食物、關係、性、金錢、做、不做與其他所有事，鐘擺已漸趨平衡。每件事都有其陰陽，道是這些力量的平衡處。確實，除非你偏離道，否則道將停留在平靜的和諧中。如果你想了解道，就必須仔細觀察兩端之間有什麼。

這是因爲那兩端都無法持久。鐘擺能停留在一個極端位置多久？它只能停留片刻而已。鐘擺靜止的時間可以維持多久？可以永遠維持，因爲沒有力量使它偏離平衡，那就是道。道是中心，但這並不表示道維持固定不動，我們即將看到，道比那動態多了。

首先你必須了解，由於每件事都有其陰陽，所以每件事都有自己的平衡點。正是所有這些平衡點的調和，編織在一起，形成道。這個全面性的平衡，在它穿梭時間與空間時維持平衡的狀態。道的力量是很驚人的，如果你要想像道的力量，就檢視搖擺到旁邊浪費了多少能量。假設你想從這點走到那點，但不是直接走到那裡，而是像正弦波一樣來回移動，那會花很久的時間，你也會浪費許多能量。換言之，繞著道路來回振盪是沒有效率的，你必須將所有能量都集中在道路上，才會有效率。如果你這麼做，從前搖擺到旁邊所浪費的能量將被拉入中心，這個能量的集中使得完成任務更有效率，這就是道的力量。當你停止在兩端之間擺盪時，你將發現你擁有遠超乎你過去所能想像的能量。別人耗費幾個小時，你卻只花幾分鐘；別人感到筋疲力盡，你卻只用了很少的能量。這就是在兩端使勁搏鬥，相對於保持歸於中心以便完成任務，兩者之間的差別。

這個原則適用於生命的所有面向。如果你處於平衡，便會以有益健康的方式，在該吃飯的時候吃飯，否則就得浪費能量去處理吃太少、吃太多或吃錯食物的後果。以平衡的方式對待身體，比承受極端的後果更有效率。

基本上，你浪費極大的能量在極端上。它愈極端，愈成為全天候的工程。例如，你堅持要一直在一起的親密關係，將會是一個全天候的工作。你們唯一可以有另一個工作的方法，是在同一張桌子上做同一件事。在另一個極端，如果你完全沒有任何人際關係，一直都是寂寞與沮喪的，也完成不了太多事。因此，再一次，做極端的事得耗費你所有的能量。你行爲沒效率的程度，取決於你偏離中心的程度有多少。你利用能量活出生命的可能性將隨之減少，因爲你把能量都用在適應鐘擺的搖擺上。極端是好老師，當你檢視極端時，很容易看見不平衡行爲模式的後果。

讓我們舉一個老菸槍的例子。他總是叼著菸，又繼續點燃另一支。他生命中很大的比例是擺在抽菸上，總是在買菸、點菸與抽菸，也忙著想找到准許他抽菸的地方。他不喜歡必須走出戶外點菸，所以加入支持在公共場所抽菸的各種委員會。請注意他花了多少能量在抽菸上，現在想像他決定戒菸，一支香菸也不抽。如果一年後你問他過去一年都在做什麼，他會告訴你他在戒菸，那是他過去一年的生活。首先，他試著嚼口香糖，但沒什麼幫助，因此，他嘗試戒菸貼片。當那也無效時，他去進行催眠療法，因爲鐘擺已經擺到抽菸的一端很遠，所以他爲了戒菸必須擺向反向的極端。這兩個極端都是時間、能量與精力的極大浪費，而這些東西原本應該可以進入生命中更富有成效的面向才對。

當你把能量耗費在試圖維持極端時，一切都將停滯不前，生活一成不變。你愈極端，前進就愈少；你建立了一套常規，然後被困在其中。所以，沒有能量讓你移入道中，能量都被消耗在應付極端上。

道居於中，因爲那是能量平衡處。但你如何阻止鐘擺擺動到外緣？非常令人驚訝的是，你藉由不管它而做到這一點。除非你供應能量給極端，否則它不會持續擺到極端，只要放下極端別參與，鐘擺就會自然地回到中心。當它回到中心時，你會充滿能量，因爲所有被浪費的能量，如今都爲你所用。

如果你選擇歸於中心，不參與極端，你會漸漸了解「道」。你不去抓它，甚至不去碰它，當能量不被用於擺向極端時，道會自己找到生命中發生的每一件事的中心，並一直靜靜待在中間。道是空無，像颱風眼一樣，道的力量是空，所有東西都繞著道旋轉，但道不動。生命的漩渦從中心取得能量，而中心則從生命的漩渦取得能量。所有這些法則都一樣，可適用於天氣、大自然或你生命中的每個面向。

當你藉由不參與擺盪而置中時，能量將自然取得平衡，你會變得更清明，因爲許多能量在裡面湧現，活在當下每一刻的經驗，將成爲你的自然狀態，你不會迷戀某些事或陷入對立的想法。當你變清明時，生命事件將眞的如慢動作般展現。一旦你變清明，無論什麼事件，都將不再那麼令你感到困惑或不知所措。

這與多數人的生活方式相當不同：如果他們正在開車，而有人讓他們緊急煞車，則他們下個小時，甚至接下來的一整天，都將心情不好。對置身於道的人來說，事件發生就只維持它發生的長度，如此而已。如果你正在開車，而有人讓你緊急煞車，你感覺能量開始偏離中心，你眞的在心裡感覺到那能量。當你放下時，能量重新回到中心。你不走向極端，因此，能量重新回到當下。當下一個事件發生時，你在那裡，你一直都在那裡，這將使你比正在反應過去不平衡狀態的人更有能力。幾乎每個人都有失去平衡的時候，一旦失去，誰在看家？誰在管理你不在時展現的能量？記住，一直抱持堅定決心活在當下的人，最後必能脫穎而出。

入道時，你一直都活在當下，生命變得再簡單不過。在道中，很容易看見生命正在發生什麼事——它就在你面前開展。但如果你因爲涉入極端中而有各種反應於內在進行，生命就會顯得令人困惑。那是因爲你感到困惑，而不是因爲生命令人困惑。

當你不再感到困惑時，每件事都變得很簡單。如果你沒有偏好，如果你唯一想要的事情是維持歸於中心，則生命在你完全契入中心時開展。有一條看不見的線貫穿每件事，所有事情都安靜地通過那個平衡中心，那就是道。道眞的存在，存在於你的人際關係、你的飲食與你的商務活動中，道存在於每件事裡。道是颱風眼，道是全然地平靜。

爲了讓你了解處於那個中心是什麼感覺，我們以航海爲例。假設在無風時航行，那是一個極端，哪裡也去不了；現在假設在狂風大作但無帆時航行，那是相反的極端，我們還是哪裡也去不了。航行是一個很好的例子，因爲有許多力量相互影響，有風、帆、舵與帆繩的張力，力量的相互影響非常巨大。如果風在吹，而你張帆太鬆會怎樣？它沒作用。如果張太緊呢？你會翻覆。你必須將帆張得恰到好處，才能正確航行。但恰到好處的位置在哪裡？在風帆對抗風力的中心點——不太多，也不太少，那就是我們所謂的「甜蜜點」。想像風撞上恰到好處的帆，而且你抓繩子也恰到好處，想像那時的感覺。你帶著完美的平衡感啓航，然後風變動，你也隨之調整，你、風、帆與水，合而爲一，所有力量都協調一致。若一個力量變動，其他力量也在同一時間變動，那就是所謂的「入道」。

在航行之道中，平衡點並不固定，而是動態的平衡。你從平衡點移到平衡點，從中心移到中心，你不可以有任何概念或偏好，必須讓力量移動你。在道中，沒有任何東西是個人的，你只是各種力量手中的工具，參與平衡的和諧。你的整個興趣應該都放在平衡上，而非事情應該怎樣的任何個人偏好中，必須達到這樣的程度。生命的一切都是如此。愈能以平衡的方式工作，愈能順利航越生命。當你入道時，會出現毫不費力的行動。生命發生，你在那裡，但不是你讓它發生的，沒有負擔，也沒有壓力。當你坐鎮在中心時，各種力量會管好自己，這就是道，它是整個生命中最美的地方，碰觸不到，但能和它協調一致。

最後你將發現，在道中，你不會是警覺、明白該怎麼做，然後去做它；在道中，你是盲目的，並且必須學習如何盲目。你永遠不可能看見道的去處，只能與它同在。一如盲人使用手杖在街道上行走，讓我們給那根手杖取個名字：極端搜尋器、邊緣探測器、陰陽感知器。用那根手杖走路的人，經常來回輕敲兩邊，不是嘗試找出該走哪裡，而是嘗試找出不該走哪裡。他們在尋找極端。如果你看不見路，只能試探邊緣；但如果你試探邊緣，而不去那裡，你就會待在道中。這就是你活在道中的方法。

所有偉大的教誨都揭示了中心之道、平衡之道。不斷留意看看這是不是你當下的住處，或者你是否迷失在極端中。極端創造自身的對立面，而智者避免極端。尋找位於中心的平衡，你將活在和諧中。

19 神的慈愛之眼

怎麼可能有人眞正知道有關神的事呢？我們有許多關於神的教誨、概念與見解，但它們一直都受人影響。到頭來，我們對於神的觀念竟然相當符合不同出處的文化，這實在很令人驚訝。

幸運的是，我們內在深處，和「神性」有直接的連繫，生命有個部分是超越個人自我的。你可以自覺地選擇認同那個部分，而非認同精神或身體。當你這麼做時，自然的轉化會在你內部開始發生，而一段時間之後，你觀察這個轉化時，便會明白接近神是什麼狀況。你開始知道，往神性的方向移動是怎樣的感覺，你看見的內在改變，反映了你正在接近的力量。就像雨水令你潮溼，火焰令你溫暖一樣，你可以藉由觀看你轉化過的自我的映像，得知神的本質。這不是哲學，而是直接的經驗。

靈性成長可以像其他任何事一樣被體驗。你可能經歷過生命中有段非常消極、憤怒與怨恨的時期，你知道那是什麼感覺，並且知道當你有那些感覺時，對別人會有何感受，知道你的心感覺如何，知道你的思想與行爲是怎樣的情況，知道那個空間。這不是哲學，而是直接的經驗。

如果你逐漸通過你的那個部分，一段時間之後，你將實際逐漸擺脫緊張與焦慮的感覺，整片低頻振動的烏雲，將更加明顯遠離你坐在裡面的位置。那片烏雲可能依然存在，但只要你不認同或執著，烏雲再也無法糾纏你。當你放開低頻振動時，你自然不再認爲那是你，或是你和那低頻振動有任何關係。你一放下，你的聖靈隨即逐漸上升。

怎麼知道你的聖靈逐漸上升呢？你知道，就像知道你在呼吸一樣，就像知道你的心在跳動一樣，就像知道你有想法一樣。你在那裡，並直接體驗它。

逐漸上升是什麼意思？那是一種往你自己內在更深入的經驗，不再向外執著於世俗的自我，因此你的內在開始感覺更開闊，覺得你和內在思想與情緒之間的距離更遠。你逐漸往回，然後往內與往上。

當你逐漸上升時，感覺如何？你不會感到那麼憤怒、恐懼或害羞，不再怨恨別人，不會動不動就封閉起來或緊張。雖然你不希望發生的事情依然會發生，但那已經不太容易觸動你，因爲你已經逐漸落在那個你反應事情位置的後面。這些是實際經驗，而非拾人牙慧。當你放下生命中的低頻振動時，那自然會發生。你逐漸往內與往上，趨向更深的振動。

你要去哪裡？即使你沒有足以了解現在正發生什麼事的基礎，但你還是擁有無可否認要去某處的經驗。你會感覺到正要進入你的靈性存有。當你對自己的身體與心理部分的認同較少時，就會開始更認同純粹的能量流。

更認同聖靈而非形體，是什麼感覺？你從前經常帶著焦慮與緊張的感受到處走，現在則是帶著愛的感覺。毫無理由，就是感覺到愛。你的背景是愛，你的背景是開放、美與感恩。你不必讓自己那樣感覺，那是聖靈的感受方式。如果有人問你身體感覺如何，你可能會說，它對某件事感到不舒服。那麼，精神感覺如何？如果你完全誠實，可能會說它充滿抱怨與恐懼。那麼，聖靈通常感覺如何？事實上，祂總是感覺很好，總是感覺興奮，總是感覺開放與光明。

因此，你自然會開始愈來愈集中在你生命的靈性部分。你不是藉由伸手試圖觸及聖靈做到這一點，而是藉由放下其他部分。真的沒有別的辦法，個人自我碰不到聖靈，你必須放開個人自我。你一放開它，便逐漸往回，而當你愈來愈往回時，就變得愈來愈高。你的振動頻率提高，感受到的愛與光明的量也提高，你就這樣開始翱翔。這樣的過程，是不斷增加且持續進展的。

當你放下並願意放開身體、情緒與頭腦的面向時，聖靈成爲你的存在狀態。你不宣稱了解正發生在你身上的事，你只是知道當你愈來愈往回時，它就變得愈來愈美。你自然會開始體驗到不同傳統的偉大聖者與賢人描述的感受。你了解到你也可以有深刻的靈性體驗，並且「當主日，我在靈裡……」（〈啓示錄〉第一章第十節）。

但終究，你如何眞正知道有關神的任何事呢？怎麼可能知道超脫你之外的是什麼？因爲那些已經超脫的人回來說，你正在經歷的聖靈，是通向神之門，所以你才知道。當他們放下生命的較低面向時，體驗到你正在體驗的事，感受到極大的愛、聖靈與光在他們裡面甦醒。他們覺得沒有任何透過感官進來的東西高於已經在裡面進行的事，於是愈來愈往回，並且變得愈來愈高。然後有一天，突然間，他們不見了，再也沒有任何「我」的感覺，體驗愛與光時也沒有一種分離感。只有自性融入愛與光的感覺的終極擴展，就像水滴融入海洋。

當自認是個體的意識水滴逐漸往回夠遠時，就變得好像水滴掉入海洋。「自我」掉入「大我」，個別意識掉入「宇宙的合一」。就這樣。

當此事發生時，人們會說出一些有趣的話，例如「我與父原爲一」（〈約翰福音〉第十章第三十節）與「我對你們所說的話，不是憑著自己說的，乃是住在我裡面的父做他自己的事」（〈約翰福音〉第十四章第十節）。

他們都那樣說話，說他們已經融合在一起，而且在神的「宇宙合一」裡，沒有任何區別。意識的水滴，即個別的聖靈，就像從太陽發射出來的光線，個別光線其實和太陽並無差別。當意識不再自認是光線時，便會知道自己是太陽。存有已經融入那個狀態。

在神祕的〈約翰福音〉裡，基督說：「使他們都合而為一，正如你父在我裡面，我在你裡面，使他們也在我們裡面……我在他們裡面，你在我裡面，使他們完完全全的合而為一……」（〈約翰福音〉第十七章第二十一～二十三節）。印度教的《吠陀經》、猶太教的卡巴拉、每個時代的所有偉大宗教傳統也是這樣教導，偉大的蘇菲派神祕主義詩人也是這樣書寫。這樣的狀態是存在的，人可以融入「宇宙的絕對」，人可以融入神。

這是你知道有關神之事的方法：你和祂合而為一。最終，認識神的唯一方法，是讓你的存有融入「整體存有」，然後看看你會發生什麼事。這是宇宙意識，而已經達到這種深刻狀態的人的特質，在每個宗教裡都很相似。

人沿著這條路走向神，會發生什麼事？一路上會經歷哪些轉變？要了解這一點，請想像如果你對所有生物、所有植物、所有動物與所有自然之美，開始感受到極大的愛，會怎麼樣？想像每個小孩看起來都很像你自己的，你看每個人都很像美麗的花朵，有各自的顏色、表情、形狀與聲音。當你愈來愈深入時，會開始察覺一件驚人的事——你不再評判。評判的過程戛然而止，只有感謝與敬重。過去評判的地方，現在則充滿尊敬、愛與珍惜。區別，是評判；去看、去體驗、去敬重，則是參與生命，而非往後退去評判它。

走過一座美麗的植物園時，你覺得開放與明亮，你感覺到愛，你看見美，你不評判每片葉子的形狀與配置。樹葉有各種尺寸與形狀，並且朝著各個方向，就是這些東西讓它們美麗。如果你像這樣去感覺他人會怎樣？如果他們不必都穿著一樣、信仰一樣且行爲一樣，會怎麼樣？如果他們都像花朵，無論發生什麼事在你看來都很美，會怎麼樣？

果眞如此，你會瞥見神。那是認識神最好的方法。去觀察當你更接近祂時會發生什麼事，那眞的是你能知道有關神的任何事的唯一方法。如果你嘗試在書本中閱讀有關神的事，會發現另外五本書的說法完全相反；更棒的是，你會找到同一本書的五種詮釋。有人寫東西，就有人拿到博士學位證明它錯。如果你往頭腦的層次去尋找神，就有人會質疑，那都是頭腦遊戲的一部分。

你無法那樣認識神，它必須出自實際經驗。那出現在你靜心時，或是放下你的低層自我時，你逐漸進入聖靈，而隨著逐漸進入聖靈，這些轉變將在你裡面發生。你要做的只是注意它們，然後你會開始察覺趨向神性特質的傾向。你愈往回走，愈會看見這些自然特質在你之內展現。沿路的每一步，你都更清楚瞥見處於那個「神性狀態」應該就像這樣。

知道「神性力量」存在的人已有足夠的直接內在體驗，得以知道「神性意識」是實際存在的事物。他們瞥見過一個全知、全在與全能的力量，一個始終平等覺知一切事物的力量。它是普遍覺知的。

宇宙萬物從那個神性狀態看來是什麼模樣？那些已經超脫且透過神之眼觀看的人看見了什麼？他們看見沒有評判，很久以前評判就逐漸消失了，只看見更多的美。這樣的人覺得：「現在我可以同時看見所有花朵。現在我可以感受到我的每個小孩與我所有的多樣性創造正在做什麼。現在我對萬物的所有不同表現與行爲，可以感受到更多愛、更多慈悲、更多了解，以及更多讚美。」那是聖者所見，眞正的聖者與神同在。

如果神眞的不評判呢？如果神正在愛呢？我們都知道，眞正的愛不評判，愛在其所愛身上只看得見美，沒有不潔之物，不可能會有不潔之物，無論看什麼都是美的，眞正的愛就是這樣看，從愛的眼睛看出去就像這樣。因此，如果神是愛，那麼從那些充滿無限的愛與無條件慈悲的眼睛看出去，應該會看見什麼？

如果你眞的愛過任何人，就會知道眞正的愛是什麼意思。那意味著你愛他們勝過愛你自己。如果你眞的愛某人，你愛的眼光會超越他的人性，擁抱他的整個存在，包括過去的錯誤與現在的缺點，就像母親無條件的愛。母親將生命的每一刻都奉獻給身心遭受痛苦的小孩，認爲小孩很美。她不把眼光集中在缺點上；事實上，她甚至不視它們爲缺點。

如果神就是如此看待祂的創造呢？若你從前聽到的不是這樣，那你就吃虧了。你一直被教導會受到審判，而非被鼓勵去感覺自己完全受到神性力量保護、鍾愛、尊敬與敬重。因爲你一直被那樣教導，所以會感到罪惡與恐懼，但罪惡與恐懼不會開啓你與神性的連結，只會封閉你的心。事實上，神的方式是愛，而且你可以親自見證此事。如果你可以用眞愛的眼睛看某人，即使一刻也好，你就會知道那雙眼睛不是你的。你的眼睛絕不可能帶著那麼大量的愛去看，你的眼睛絕不可能那麼無條件，即使再過一百萬年，你的眼睛也絕不可能在你所愛的人身上，只看見美與圓滿無瑕。那是神的眼睛，透過你在俯視。

當神的手透過你伸出去給予時，沒有什麼是你不會給的。你會把最後一口氣都給別人，連想都沒想，連保留的念頭都沒有，你會把任何東西都給所愛的人。當你如此深刻地感受愛時，會覺得那是出自比你更偉大的事物。那是超越的愛，是神聖、無條件、無私的愛。大師談到那種愛，已經超脫的人說，那是逐漸進入聖靈時達到的狀態。聖靈就是如此看待祂的創造，而這是你應該被教導的事。無論你在做什麼，也無論你曾經做過什麼，你都一直被祂所愛。

基督對他的門徒說浪蕩子的故事時，提到一個兒子離家遠行，散盡家產，但是當他回家求助時，他的父親待他比留在家裡工作的那個兒子更好。基督解釋，這是因爲一個兒子一直在家裡，但浪蕩子已經迷途，父親已經失去他了。這裡面沒有評判——只有愛。

基督也說：「你們中間誰是沒有罪的，誰就可以先拿石頭打他。」（〈約翰福音〉第八章第七節）。他教導了什麼？他說了什麼？他如何看待這個世界？他教導了完全無私與慈悲的愛。他被釘在竊賊與強盜旁邊的十字架上，當一個竊賊要求被記得時，基督說那天他會與他同在天堂。他在十字架上的第一句話是什麼？「父啊！赦免他們，因爲他們所做的，他們不曉得。」（〈路加福音〉第二十三章第三十四節）。那是母親的愛，是母親對子女說話的方式，那個愛與慈悲的程度如此之深，小孩不可能犯錯。如果母親可以達到無私的愛，那麼愛的創造者——神——又如何呢？

你想知道神如何看待這個世界嗎？你想知道祂對各種不同的人有何感覺嗎？那就

請看看太陽。太陽灑在聖者身上的光比其他人更多嗎？聖者更容易呼吸到空氣嗎？雨水落在這家的樹上的量比另一家更多嗎？

你可以把眼睛從太陽的光移開，並生活在黑暗中一百年，之後再把眼睛轉向陽光，那個光依然在那裡。陽光爲你存在，如同爲已經享受陽光的照耀一百年的人存在一樣。大自然的一切都是如此，樹上的水果願意把自己獻給每個人。大自然中有任何力量會去區別嗎？除了人的頭腦之外，神的創造物中有什麼東西會眞的去評判嗎？大自然只是給予，給予任何一個會接受的人；你如果選擇不接受，它也不會懲罰你。你因爲自己選擇不接受而懲罰自己。如果你對陽光說：「我不看你，我將活在黑暗中。」陽光只會繼續照耀。如果你對神說：「我不相信袮，不想和袮有任何關係。」萬物持續支持你。

你與神的關係，就如同你與太陽的關係。如果躲避陽光好幾年，然後選擇走出黑暗，陽光依然會持續照耀你，猶如你從未離開。你不必道歉，只須抬頭看太陽。同樣的道理，當你決定轉向神時，直接去做就是了。如果選擇讓罪惡感與羞愧介入，那只是你的自我在阻礙神性力量。你無法冒犯「神聖者」，祂的本質是光、愛、慈悲、保護與給予。你無法阻止祂愛你，祂就如同太陽，你無法阻止太陽照耀你，只能選擇不看它，而當你看時，便會見到它在那裡。

當你逐漸往回進入聖靈時，會發現那是向外注視這個世界的眼睛，是照耀每樣事物與每個人的心。透過那雙眼睛，最惡劣的生物看起來也很美，那是沒人了解的部分。人說，神看著這個塵世時哭泣；聖者看見，無論在什麼情況下、無論何時，神凝視這個塵世時進入狂喜。狂喜是神唯一知道的事，神的本質就是永恆的、有意識的至喜。所以，無論你做了什麼事，都不會是毀了它的那個傢伙。

妙就妙在，你能體驗這個狂喜，而且當你開始感受到這個喜悅時，就是你認識神的本質的時候。那時，沒人能令你心煩或失望，沒有任何事會造成問題，一切看起來都像是萬物在你面前展現的美麗舞蹈的一部分。你的自然狀態會變得愈來愈高；你會感受到愛，而非羞愧；你不再因爲說過或做過的事而不願抬頭仰望神性，而是會視神性爲提供無條件庇護的場所。

仔細思考這一點，並放下神會審判世人的觀念，你有一位慈愛的神。事實上，你擁有的愛本身就代表神，而愛不可能不愛。神處於狂喜中，那是你無法干涉的。而如果神處於狂喜中，我很好奇，當祂看著你時，看見了什麼？

Eurasian Publishing Group
圓神出版事業機構
用心與你對話・視野無限寬廣
方智出版社
Fine Press

www.booklife.com.tw
reader@mail.eurasian.com.tw

新時代系列 181

覺醒的你：暢銷百萬，歐普拉的床頭靈修書

作　　者／麥克・辛格（Michael A. Singer）
譯　　者／賴隆彥
發 行 人／簡志忠
出 版 者／方智出版社股份有限公司
地　　址／台北市南京東路四段50號6樓之1
電　　話／（02）2579-6600・2579-8800・2570-3939
傳　　真／（02）2579-0338・2577-3220・2570-3636
總 編 輯／陳秋月
資深主編／賴良珠
責任編輯／黃淑雲
校　　對／黃淑雲・賴良珠
美術編輯／李家宜
行銷企畫／張鳳儀・王莉莉
印務統籌／劉鳳剛・高榮祥
監　　印／高榮祥
排　　版／陳采淇
經 銷 商／叩應股份有限公司
郵撥帳號／ 18707239
法律顧問／圓神出版事業機構法律顧問　蕭雄淋律師
印　　刷／祥峰印刷廠
2018年3月　初版
2024年6月　56刷

定價 280 元　　ISBN 978-986-175-488-8　

你本來就應該得到生命所必須給你的一切美好！
祕密，就是過去、現在和未來的一切解答。

——《The Secret 祕密》

國家圖書館出版品預行編目資料

覺醒的你：暢銷百萬，歐普拉的床頭靈修書／麥克・辛格（Michael A. Singer）著；賴隆彥譯. -- 初版. -- 臺北市：方智，2018.03
224面；14.8×20.8公分. --（新時代系列；181）
譯自：The Untethered Soul: The Journey Beyond Yourself
ISBN 978-986-175-488-8（平裝）
1.意識 2.靈修

176.9 106025473